本书系国家社会科学基金项目 "政府购买社会组织公共服务的质量保障机制研究"（项目编号： 19BZZ091）、 广西社会科学基金项目 "广西政府购买社会组织公共服务机制创新研究" （项目编号： 18BSH001）阶段性成果

XINSHIDAI ZHONGGUO HANGYE XIEHUI DE
QIANRUXING ZHILI YANJIU

新时代中国行业协会的嵌入型治理研究

韦诸霞 著

知识产权出版社
全国百佳图书出版单位
—北京—

图书在版编目（CIP）数据

新时代中国行业协会的嵌入型治理研究 / 韦诸霞著 . —北京：知识产权出版社，2019.9
ISBN 978-7-5130-6513-9

Ⅰ.①新… Ⅱ.①韦… Ⅲ.①行业协会－组织管理－研究－中国
Ⅳ.①F279.21

中国版本图书馆CIP数据核字(2019)第208947号

内容提要

本书直面改革后政府如何治理行业协会这一热点问题，引入经济社会学中的" 嵌入 "理念，提出了行业协会嵌入型治理的框架；分析了我国行业协会管理体制变革与新时代面临的挑战；总结了行业协会治理创新典型地区的经验，并进行了问卷调研和实证分析；比较分析了美国、德国、日本三个发达国家的行业协会治理模式，以资借鉴；最后，针对我国全面深化改革时期的行业治理问题，提出了包含三大类制度供给的嵌入型治理模式：培育型制度（放宽准入、职能转移、配套扶持、政府购买），监管型制度（联合监管、全过程监管、信息公开、评估退出）和优化型制度（加快立法、党建、公共参与），以期提供行业协会改革和治理的政策建议和路径探索。

责任编辑：李小娟　　　　　　　　**责任印制：**孙婷婷

新时代中国行业协会的嵌入型治理研究

韦诸霞　著

出版发行：知识产权出版社 有限责任公司	网　　址：http：//www.ipph.cn
电　　话：010－82004826	http：//www.laichushu.com
社　　址：北京市海淀区气象路50号院	邮　　编：100081
责编电话：010－82000860转8531	责编邮箱：lixiaojuan@cnipr.com
发行电话：010－82000860转8101	发行传真：010－82000893
印　　刷：北京中献拓方科技发展有限公司	经　　销：各大网上书店、新华书店及相关专业书店
开　　本：720mm×1000mm　1/16	印　　张：8.5
版　　次：2019年9月第1版	印　　次：2019年9月第1次印刷
字　　数：136千字	定　　价：69.00元
ISBN 978-7-5130-6513-9	

前　言

　　新时代进一步加强和创新社会治理，是推进国家治理现代化的关键环节。激发社会组织活力、创新社会治理体制是逐步完善社会治理的重要内容。行业协会作为政府部门与市场领域之外的"第三部门"，在我国社会组织当中发展最为充分，体系也较为完善，在我国当前全面深化社会体制改革的战略之中，有着十分重要的引领和示范作用。从 2015 年《行业协会商会与行政机关脱钩总体方案》出台到《关于全面推开行业协会商会与行政机关脱钩改革的实施意见》（发改体改〔2019〕1063 号）出台，新时代全面推进行业协会脱钩改革进入新的阶段。新的时代条件下，行业协会发展有着新的历史机遇，也面临着一些挑战，职能定位、准入制度有待进一步厘清突破，行业协会自身能力有待进一步增强，监管治理手段和政会互动机制有待进一步完善；地方政府应对"脱钩"改革还没有做好充分的准备，在职能转移和行业协会治理等问题上还没有形成一定的规范、制度及能力。

　　本书直面改革后政府如何治理行业协会这一热点问题，引入经济社会学中的"嵌入"理念，提出了行业协会嵌入型治理的框架，分析了我国行业协会管理体制变革与全面深化改革时期的治理困境，总结了行业协会治理创新典型地区的经验，并进行了问卷调研和实证分析比较，分析了美国、德国、日本三个发达国家的行业协会治理模式，以资借鉴。最后，针对我国全面深化改革时期的行业治理问题，提出了 3 大类制度、11 个具体的嵌入型治理创新路径和政策建议。

　　本书综合采用了理论分析法、案例分析法、调研实证分析法、比较分析法等研究方法，以嵌入性理论、制度变迁和治理理论为基础，分析了嵌入型治理的机理与特征,总结分析了广东、上海、温州的行业协会改革经验,提炼出相关的制度因素。就这些制度因素进行较大范围的问卷调研,进而通过皮尔逊相关性分析和多元线性回归分析,定量化分析制度因素与行业协会治理之间的关系,对于发达国家的治理经验采用比较分析的方法寻找有益的启示。

本书认为,新时代行业协会必须置于国家治理体系的大框架内,政府通过匹配多种治理要素,对行业协会进行"制度嵌入性"干预,形成良性互动、合作共治的格局。从当前政会分离、全面脱钩的改革实践需要出发,提出包含三类制度供给的嵌入型治理模式:培育型制度(放宽准入、职能转移、配套扶持、政府购买),监管型制度(联合监管、全过程监管、信息公开、评估退出)和优化型制度(加快立法、党建、公共参与),以期提供行业协会改革的政策建议和路径探索。

本书是在我的博士后科学基金资助项目结项报告和博士后出站报告基础上修改完善而成的。时光飞逝、岁月如梭,自博士后阶段开始学习和研究行业协会、社会组织治理,至今已五年。社会组织一直是近年来我国社会极富活力的时代热词,行业协会是我国目前发展较为充分的社会组织之一。笔者在广西大学也开设了社会组织相关的专业课程,希望能将自身的一些研究和学习所得分享给关注中国社会组织发展和治理的人们。

感谢我的博士后导师汪大海教授,在两年的北京师范大学博士后工作中,汪老师在科研工作和生活上都给了我很多的关心和帮助。汪老师是我科研道路上的领路人,在参与国家社科课题和其他重大课题的工作中,他孜孜不倦、悉心教诲,使我对社会治理、社会组织等方面的研究找到了很好的切入点。

感谢中国博士后科学基金第 57 批面上资助。在站工作时,我申报的项目"嵌入型治理:全面深化改革时期行业协会的制度供给研究"有幸获得资助,这对我的科研生涯是莫大的鼓励和激励。以此项目为基础,我开展了我的博士后研究工作,并发表了几篇核心文章,在研究生涯中开启了独立承担项目的新征程。近两年,我先后承担了广西社科基金项目"广西政府购买社会组织公共服务机制创新研究"(项目编号:18BSH001)和国家社科基金项目"政府购买社会组织公共服务的质量保障机制研究"(项目编号:19BZZ091)。

感谢中国石油行业协会的领导及秘书处同志、北京市民政局社团管理办领导、我的师兄石正义,他们在论文调研期间给予了我极大支持与大力帮助。因为本书研究调研对象较为广泛，层次比较高，涉及的部门也相当多，难度很大，他们都不辞劳苦，积极帮我联系了相关专家。没有他们的帮助我的调研就不可能完成。再次对他们的帮助表示衷心的感谢！

　　感谢知识产权出版社的李小娟编辑在本书编写中给予了许多宝贵的意见。

韦诺霞

2019 年 8 月 1 日

目　录

第一章

绪　　论

第一节　研究背景及意义

一、研究背景

党的十八届三中全会通过了《中共中央关于全面深化改革若干重大问题的决定》（以下简称《决定》），标志着我国进入了全面深化改革的新时期。在新一轮改革战略和布局中，《决定》将"解放和增强社会活力"与"解放思想""解放和发展生产力"并列，彰显了对社会体制进行深化改革的决心，也开始了社会组织治理的新一轮征程。

党的十九大为行业发展和行业组织建设提供了新的时代条件。以习近平同志为核心的党中央，在统筹推进"五位一体"总体布局和协调推进"四个全面"战略布局伟大历史进程中，对行业协会商会的健康发展、作用发挥给予了高度重视，对行业协会商会的改革发展与规范管理作了系统安排。尤其在提升行业协会商会发展地位、加大扶持力度、强化党建工作、开展脱钩改革试点、加强综合监管等方面成效明显。

行业协会作为政府部门与市场领域之外的"第三部门"，在我国社会组织当中发展较快，体系也较为充分完善，在当前全面深化社会体制改革的战略之中，有着十分重要的地位。根据民政部数据，截至 2018 年年底，全国共有社会组织 81.6 万个，与 2017 年的 76.2 万个相比，总量增长了 5.4 万个，增速为 7.1%。截至 2014 年年底，我国行业协会商会的数量达到近 7 万个，每年以 10% ~ 15% 的速度增长，在各类社会团体中数量最多、增速最快。

2012 年，党的十八大在部署社会体制改革时，要求加快形成政社分开、权责明确、依法自治的现代社会组织体制；2013 年，十二届全国人大一次会议对于社会组织体制改革的要求更为明确，要求在 2017 年形成现代社会组织体制，并在审议通过的《国务院机构改革和职能转变方案》中明确了行业协会承接职能、与行政机关脱钩以及一业多会等多项内容；党的十八届三中全会《决定》从"推进国家治理体系和治理能力现代化"的高度，要求"创新社会治理体制"，加快推进社会体制改革，将解放和增强社会活力作为社会体制改革的主要目标；限期实现行业协会与行政机关真正脱钩，重点培育和优先发展行业协会等社会组织，成立时直接依法申请登记。2015 年 7 月《行业协会与行政机关脱钩总体方案》出台，明确了各级行政机关与其主办、主管、联系、挂靠的行业协会要在机构、职能、资产、人员、党建、外事等方面上全面"脱钩"，全国性行业协会和地方行业协会的第一批试点工作要求在 2016 年完成，2017 年完善试点政策，逐步扩大试点范围，稳妥审慎推开。

2017 年，党的十九大报告先后五次提到社会组织，为社会组织的发展指明了方向。报告指出，要推进社会组织协商；推动社会治理重心向基层下移，发挥社会组织作用，实现社会治理和社会调节、居民自治良性互动；构建政府为主导、企业为主体、社会组织和公众共同参与的环境治理体系；加强社会组织等基层党组织建设，注重从社会组织中发展党员。党的十九届三中全会通过了《中共中央关于深化党和国家机构改革的决定》，强调要推进社会组织改革，要"加快实施政社分开，激发社会组织活力，克服社会组织行政化倾向。适合由社会组织提供的公共服务和解决的事项，由社会组织依法提供和管理。依法加强对各类社会组织的监管，推动社会组织规范自律，实现政府治理和社会调节、居民自治良性互动"。

关于社会组织及行业协会政策的密集出台，力度不可谓不大。为做好行业协会商会与行政机关脱钩工作，发展改革委、民政部等部门出台了全国性行业协会商会脱钩后党建、事业单位机构编制调整、负责人任职等 10 个配套文件，包括《关于全面推开行业协会商会与行政机关脱钩改革的实施意见》（发改体改〔2019〕1063 号）、《关于做好全面推开地方行业协会商会与行政机关脱钩改革工作的通知》（联组办〔2019〕3 号）。民政部具体牵头全国性行业协会商会脱钩试点改革，分 3 批推进试点工作，截至 2019 年 6 月，已有 422 个完成脱钩，占参加试点行业协会商会的 98%，各地的脱钩改革任务也已完成过半。在脱钩试点的推进过程中，党对行业协会商会的领导和建设得到进一步加强，综合监管合力进一步形成，行业协会商会内在活力和发展动力得到进一步激发，在经济发展中的积极作用日益彰显。

在当前行业协会发展实践中，一些突出的特征十分引人关注。一是传统的"分类控制""行政吸纳"的管控体制还在阻碍着全国或众多地方行业协会的发展；二是官办或半官办行业协会数量众多，"二政府"的职能定位影响甚深，政会分开、脱钩改革面临着政府和部分行业协会的双重阻力；三是浙江、上海、深圳等少数经济发达地区民间行业协会的发展，短期内无法获得绝对优势，不能成为全国性普遍的行业协会发展路径；四是全面深化改革时期的"直接登记""一地多会"的改革设计，政府部门并没有做好充分的准备，在职能转移和行业协会的监管治理等问题上还没有形成一定的规范、制度及能力。这些新问题都是一个个崭新的课题和挑战，而关注行业协会的理论研究远远滞后于实践发展。

有鉴于此，从实践需求来看，中央和地方各级政府必须对自身与行业协会的关系进行再认识，明晰新时代行业协会发展和治理的新条件新任务，进而在行业协会治理上，形成系统的制度应对，使行业协会成为现代社会治理体系的重要力量。本书研究以经济社会学中的"嵌入"理论审视行业协会治理，拟从国家和政府的视角，通过各种制度因素的嵌入，实现政府和行业协会合作共治的理想状态，并尝试探索符合当前需要的新时代制度供给模式和路径。

二、研究意义

（一）理论意义

首先，有助于深入研究和把握新时代我国行业协会治理的新特点、新问题。目前我国的行业协会研究大多是关于协会基本理论、职能的基础探讨，党的十八大以来的密集政策和各地行业协会管理改革，已经形成了行业协会发展的新格局。在这种情况下，本研究及时关注政策和实践发展，做出对"脱钩"改革、直接登记、一地多会等行业协会重大变革的学术回应，深入分析当前时期的行业协会新问题、新特征和治理困境，为行业协会理论研究提供最鲜活的基础。

其次，有助于以新的理论视角科学认识和定位新时代作为社会组织的行业协会与政府的合理关系。当前理论界探讨行业协会与政府的关系，一是从政府改革职能转移的"自上而下"角度；二是从市场化自发形成、市民社会崛起的"自下而上"视角。本研究则以经济社会学的"嵌入"理论视角，指出行业协会作为"私序"范畴内的经济类组织，必然受到国家和政府的各种因素影响，当前新的时代背景下，只有通过渐进的、适度的制度供给"嵌入"，形成政会分开、良性互动的新格局。这无疑为科学认识政会关系、理清各自职能定位提供了新的理论分析视角和合理阐释。

最后，有助于构建新时代行业协会治理的理论模式和制度框架。本研究不仅在理论上规范分析"嵌入"型治理的合理性和科学性，而且通过先试先行的各地案例分析和较具代表性的四地调研进行实证分析，抽象构建了三个层次的行业协会制度供给框架，为进一步的理论研究和探讨提供了良好的范本和分析模式。

（二）实践意义

首先，有助于加快落实中央关于行业协会等社会治理体制改革的重大战略部署。中央适时调整行业协会的相关政策，目的是建成与社会主义市场经济体制相适应的社会治理体制，完善和发展中国特色社会主义制度，推进国家治理体系和治理能力现代化。但是，在中央做出创新社会治理体制，激发社会组织活力的战略部署后，改革日程紧凑，尽快在理论上和实践上探索一条可行之路，显得尤为迫切。本研究聚焦全面深化改革时期的行业协会治理，提供了最新的理论分析和贴合实践发展的制度路径探索，有利于各级政府落实把握和落实中央改革部署，减少阻力和障碍。

其次，有助于提供给当前中央和地方政府正在进行的"脱钩"改革以政策措施上的直接参考。本研究不仅对率先进行行业协会管理改革的温州、上海、深圳等地的"脱钩"经验进行案例分析和经验总结，而且抽样调研北京等四个有代表性的地区，对全国性、地方性和民间行业协会进行了深度考察，并结合国外发达国家和转型国家的行业协会治理经验，提出了若干具有符合中国特色和实际的制度路径建议，操作性强，可为各级政府提供"接地气"的直接参考。

最后，有助于加快匹配新时代合适的制度设计，为改革后的行业协会保驾护航，激发其行业治理活力。本研究从政府的社会治理体制建设角度，来考察如何更好地治理行业协会。但提供合适的"嵌入型"制度治理，目的还是为了行业协会能够更好地发挥其作用，更好地成为自治性的社会力量，所以当充分而恰当的制度供给成为现实，必将使各地行业协会的发展迎来真正的春天。

第二节 国内外研究现状

一、国内研究现状

从研究文献（文章和论文）的数量上来看，近 5 年来行业协会的研究比较平稳，以标题"行业协会"在中国知网（CNKI）中检索，2014 年 974 篇、2015 年 964 篇、2016 年 923 篇、2017 年 801 篇、2018 年 747 篇；在中国社会科学引文索引（CSSCI）数据库中检索，2014—2018 年共计 91 篇；在中国人民大学书报资料中心进行标题检索，2014—2018 年共计 22 篇。

从近五年来核心期刊论文关注的研究热点来看，梳理研究 CSSCI 和中国人民大学书报资料中心数据库的所有最新论文，可以看出学者们主要从三个方面来研究行业协会：一是行业协会的理论、发展和改革，如王珂瑾的《论我国行业协会发展中的政府作用》（2015）、龙宁丽的《国家和社会的距离：寻求国家社会关系研究的新范式——基于对全国性行业协会商会的实证分析》（2014）、易继明的《论行业协会市场化改革》（2014）、许祯鑫的《行业协会和地方政府的合作关系研究》（2014）、李晓的《体制内行业协会发展困境与改革出路》（2014）、清华大学郭薇《行业协会与政府合作治理的可能性及限度》（2013）、浙江大学郁建兴的《后双重管理体制时代的行业协会商会发展》（2013）、赵立波的《国家与社会关系变迁中的我国行业协会发展》（2013）、杨海涛的《转型期中国行业协会的社会结构网络定位》（2013）、尹广文的《从体制性依赖到行政化脱钩：行业协会治理转型研究》（2017）。

二是以个案、个别地区为途径剖析行业协会，关注温州、北京、深圳的较多，如蔡斯敏的《现代社会治理下的行业协会行动逻辑研究——基于中关村地区 X 组织的案例分析》（2015）、张沁洁的《行业协会的中国式市场化特征研究——

以广东省为例》（2014）、李学楠的《行业协会的政治行为方式、影响力与资源依赖——基于上海市的实证分析》（2014）、郁建兴、沈永东、周俊的《政府支持与行业协会在经济转型升级中的作用——基于浙江省、江苏省和上海市的研究》（2013）、周俊的《行业协会商会与行政机关脱钩改革中地方政府应如何作为——以A市B区为例》（2018）、中国人民大学孟亚男的《"内生—增能"：民间行业协会的生长模式——基于北京中关村一个IT业行业协会生长历程的个案研究》（2013）、杨逢银的《公共治理视域中浙江行会自治的现状分析——以杭州市餐饮旅店行业协会为个案》（2014）、郭芬的《行业协会管理体制改革下行业协会集体行动功能探析——以广东省家具商会和广东省食品协会为例》（2013）。

三是关注行业协会自身治理问题，如彭敏的《行业协会的制度框架与实际运作分析——以C行业协会为例》（2014），汪莉、解露露的《行业协会自治权之程序规制》（2014），罗家德的《中国商业行业协会自组织机制的案例研究——中西监督机制的差异》（2014），冯玥、黄永明的《行业协会自治的限制：以双重责任平衡为视角》（2017），石碧涛的《我国行业协会的精英治理问题研究——基于粤浙两地的经验数据》（2016）等。

非常值得关注的是，浙江大学郁建兴教授团队近年来从关注"浙江现象"出发，致力于行业协会商会研究，他的团队近几年发表了多篇论文，关注改革后的行业协会发展，对职能定位进行了新的阐释、以新的视角重构政府与行业协会关系，提出了"合规性监管"的治理思路，倡导行业协会商会依法自治。

在行业协会的基础理论研究上，自20世纪90年代开始，已经形成了对行业协会的基本认识和分析框架体系。具体来说，可以分为以下几个方面。

关于行业协会的性质、分类，国内相当多的学者认为其实质是一种互益性市场中介组织。王名在《民间组织通论》（2004）一书中认为，行业协会是一种主要由会员自发成立的会员制的，在市场中开展活动的、以行业为标识的、非营利的、互益性社会组织。贾西津在其著作《转型时期的行业协会：角色、功能与管理体制》中提出"行业协会是一种具有自发性、市场性、行业性、会员性、非营利性、非政府性和互益性的社会组织"。还有些学者认为行业协会是社会和市场利益的代表，是属于"私序"的社会力量。例如，陈金罗提出行业协会应该是在一个行业的发展过程中，由某一行业的企业自愿组织成立，为了实现行业的发展，推动经济的增长而存在的非营利性组织。在分类上，许多学者观察到了当前社会转型期行业协会设置及功能发挥与政府之间的联系，以是否具有"政府性"作为划分依据。王名将行业协会划分为三类：自上而下型行业协会、自发型行业协会、中间型行业协会。徐家良在《互益性组织：中国行业协会研究》一书中提出了"官方行业协会""半官半民行业协会""民办行业协会"的划分方法。

关于职能定位上，相当多的国内学者将之置于市场经济治理的大背景下。王名认为行业协会的发展是"发展社会主义市场经济的需要""政府职能转变和政府机构改革的需要""民间国际交流的迫切需要"。贾西津对三种模式行业协会的功能进行了分析，认为自上而下型行业协会延续了政府职能部门的功能，实现对经济的管控；市场内生型是为了内部企业降低交易成本，功能在于规范竞争；中间型则在满足行业治理的基础上，增加政府力量的结合，尽可能满足政府的宏观调控需要。从具体的行业协会职能角度分析，康晓光指出行业协会的工作内容主要有对行业内企业及相关的经济组织、机构进行协调、沟通、代表、监督、统计、研究、公证等服务；陈宪、徐中振认为国内的行业协会的主要职能有互助、协调、自律、调解、制衡等共8个；王民、刘培峰对于行业协会的职能认定范围更宽，认为所处的行业不同，行业的发展水平不同，行业协会的职能内容就存在差异，但行业自律、政策建议、维护合法权益和公共服务是行业协会最基本的4个职能内容。

在政府与行业协会的关系上，陈璐，邓宏武将行业协会与政府的关系分成三个阶段：政会不分大包大揽—依附于政府—政会分开，并且认为行业协会应该得到法律的保护。魏永艳、丁东铭认为将行业协会与政府作为两种治理组织，能够进一步理顺行业协会与政府的关系，政府应该为行业协会的治理让度一部分权力空间，加强行业协会与政府的合作，从而规范经济的发展。冯巨章从利益集团博弈的视角出发，指出经济治理机制包括市场、政府、企业和协会。经济治理机制的演化收敛取决于各个利益集团博弈本身。随着市场化程度的逐渐提高，未来我国经济治理机制的演化方向将是政府的治理边界不断收缩，但在市场失灵的经济领域如垄断等仍将成为主导的经济治理机制；而市场、企业和商会的治理边界将不断扩展，且分别在其最具效率的经济域成为主导的经济治理机制。吴锦良认为政府与行业协会组织的关系还可以借鉴资源依赖理论来加以阐述。根据资源依赖理论，政府与行业协会的关系应当是互补的而非对立的，政府资源动用能力强而服务提供能力较弱，行业协会则相反。政府必须对公民多样化的公共服务做出回应，而行业协会由于资源的限制无法满足公民的服务需要，于是行业协会根据政府的要求，接受政府的委托和资金，为公民提供相应的服务。徐家良研究了政府和企业两者对于行业协会的影响，提出了著名的"双重赋权理论"，由企业赋权的行业协会其主要的职能就是维护、代表和服务于企业，由政府赋权的行业协会则主要是执行政府的监督和委托职能。张婕使用实证模型检验了政府支持、行政干预与行业协会发展之间的关系。有序概率模型的估计结果显示，行政干预程度与政府支持之间是一种显著的倒"U"型关系。行业协会受干预的程度随着政府支持的增加，并呈现先上升后下降的趋势。政府支持与行业协会的规模之间存在一种"J"型关系，即政府支持存在一个阈值效应。当政府支持小于这个阈值时，政府支持阻碍行业协会的发展；当超过这个阈值时，政府支持促进行业协会的发展。

在分析政府对行业协会的监管和治理方面，夏义坤认为行业协会与政府是一种相互合作以及制约的关系。政府一方面通过委托授予行业协会权利作为经济调控和社会管理的助手，与政府协作；另一方面通过使用法律法规管理行业协会。康晓光认为政府应该对社会组织采取分类控制，谢蕾认为政府和行业协会之间必须互相监督，主要是因为虽然他们都象征公共利益，但各怀私欲，不利于公共利益。杨晶认为行业协会不是万能的，即便它能够弥补市场和政府的不足，但行业协会的自律需要在政府监管约束和控制下开展。张晋光在研究行业协会自律监管机制时指出，目前，我国行业协会与工商部门之间还未存在有效的沟通协调平台，政府的监管效果不高。

总体来看，我国学者研究行业协会大多从政治学、公共管理学、经济学、法学领域进行研究，其中研究内容主要为我国行业协会性质、分类、立法、与政府关系和民间行业协会发展等方面。王名、贾西津、陈金罗、徐家良、张冉、张良、郁建兴等一大批学者对此领域做出了很大的贡献。但是国内关于行业协会的研究起步较晚，时间不长，学术积累还不够丰富；加之我国正处于市场经济迅速发展、改革持续深化的大时代，关于行业协会的理论研究落后于实践发展。尤其是党的十九大以来，随着改革的深化，行业协会何去何从？政府职能改革后如何监管和治理行业协会？如何引导行业协会纳入到新的社会治理体制当中？如何实现行业协会与政府的良性互动？除少数学者关注之外，这个领域目前还属于理论的洼地，急需大量而细致的研究探索。

二、国外研究现状

行业协会在国外发展较为成熟，很早就纳入了国外学者的研究视野。在对行业协会的理论分析上，多集中在以下几个角度：第一，从历史角度对行业协会产生的愿意、作用、发展和地位进行梳理，并分析行业协会参与行业治理的必要性；第二，从制度与产业经济学的角度探讨行业协会的组织属性与职能；第三，运用现代市民社会理论来探讨行业协会的管理机制等问题；第四，运用博弈论工具、现代信息经济理论等对行业协会的发生机理进行说明并分析行业协会治理的有效性。

行业协会作为一种经济治理机制或社会秩序，被西方学者广为接受和认可，将其并列于政府或企业存在。施内伯格（Schneiberg）和霍林斯沃思（Hollingsworth）提出行业协会对行业的治理是一种集体自治，涉及众多的经济主体包括企业、行业协会以及其他利益相关者（生产方、供应方、分销商、工人以及国家机构）。这些经济主体通过博弈与谈判，最终保证集体行动的一致性。这种一致性体现在：协商贸易条款并缔结契约、表达利益诉求、配置资源、设立标准、组织信息交流和监督服从、构造激励和实施处罚、解决冲突、分配成本与利润以及在不确定和变化的条件下做出选择等。施内伯格进一步阐述了与其他治理机制相比，行业协会在克服市场失灵上所特有的优势。施特雷克（Streeck）和施密特（Schmitter），霍林斯沃思和鲍约尔（Boyer）则设计了一系列具体指标对各种治理机制进行对比分析。唐尼尔（Doner）和施耐德（Schneider）得出结论：有价值的选择性利益、高成员密度、有效的内部协调能力是影响行业协会治理能力强弱的主要因素。其中，选择性利益是最重要的。企业能够从行业协会中得到的利益越充分，越有动机去配合协会的管理。

在政府与行业协会的关系上，格雷夫（Greif）从历史制度的角度分析了中世纪商人行会参与行业治理的原因，是因为政府在承诺中出现的问题。双边声誉机制（在这种机制中，受到侵犯的商人将停止贸易）和多边声誉机制（在这种机制中，受骗的商人以及与其密切的合作者都将停止贸易）在保护商人产权上因为统治者的区别对待和由于无法确保商人集体报复的真实性而存在失灵现象。商人行会组织的出现创造了另外一种交易方式，并改变了统治者与商人交易中的那些自我实施的信念，从而建立起统治者之外的另一种约束机制：联盟。麦克米兰

（McMillan）和伍德拉夫（Woodruff）以发展中国家以及转型期的国家为研究对象，指出在行业治理中，行业协会是一种私人治理秩序，其产生是对公共秩序不完备的必要补充。政府、法律机制等公共秩序由于天然的不完备性以及转型中制度的缺陷，导致使用公共秩序进行行业治理存在高昂的交易成本。行业协会具有信息提供和协调功能，通过提供关于欺骗的信息和组织对欺骗者的回应，从而和公共秩序共同发挥行业治理的功能，减少交易中的机会主义行为。唐尼尔和施耐德进一步指出，如果政府能够给予行业协会更多的权力，则会使行业协会的自治能力能够明显提高。

对经济转型国家的行业协会研究，对我国具有非常大的启示意义。苏利文（Sullivan）对 1996—2005 年中欧和东欧等经济转型国家的行业协会进行研究指出，这些国家的行业协会通过拥护市场导向的政策，降低了市场交易费用或者繁文缛节性的制度障碍。苏基阿言（Sukiassyan）和纽基特（Nugent）通过考察 25 个经济转型国家中行业协会功能状况，发现在经济转型期中行业协会提供的服务功能尤其是信息功能比游说功能对企业的绩效更加有效。汉德利（Handly）通过对非洲的加纳、赞比亚、南非和毛里求斯 4 国进行研究，指出殖民地的历史是导致南非、毛里求斯与加纳、赞比亚的企业共同体产生差异的重要原因之一。

第三节　研究内容、目标及技术路线

一、基本研究内容

第一部分是嵌入型治理的相关理论分析。回顾了行业协会的基本内涵和生成模式，研究了嵌入性分析的理论观点，治理理论、协同治理以及制度变迁理论的主要思想，结合行业协会变革，提出了嵌入型治理的基本框架、动力机制及其特征。

第二部分是我国行业协会管理体制变革与新时代行业协会治理困境。回顾了我国改革开放前后及当前转型期的行业协会管理体制演变，分析了新时代行业协会在准入制度、职能定位、自治能力、监管力量、政会互动方面面临的挑战，以及行业协会发展的新机遇。

第三部分是案例和调研分析。在总结广东、上海、温州等先试先行地区治理经验的基础上，提炼出若干影响行业协会发展的制度因素，并将这些因素设计入调查问卷，进行较大范围问卷调研和访谈；进而通过皮尔逊相关性分析（皮尔逊相关，Pearson Correlation）和多元线性回归分析法，对各种制度因素变量进行线性组合，定量化分析制度因素与行业协会发展间的关系。

第四部分是发达国家治理经验借鉴。报告比较了美国、德国、日本三个发达国家的行业协会治理模式和制度因素，取其经验、避其不足。

第五部分是新时代我国行业协会制度创新路径探索。在汲取国内、国外的经验基础上，从当前政会分离的改革实践需要出发，尝试提出包含三类制度供给的嵌入治理模式：培育型制度（放宽准入、职能转移、配套扶持、政府购买）、监管型制度（联合监管、全过程监管、信息公开、评估退出）和优化型制度（立法、党建、公共参与），以期提供行业协会改革的政策建议和路径探索。

二、研究目标与拟解决问题

本书的研究目标是：①基于理论阐述和案例分析方法，凝练出新时代我国行业协会发展的特征和治理困境；②基于经济社会学方法，从嵌入性视角，进一步厘清、重构行业协会与政府的关系；③基于皮尔逊相关性分析、多元线性回归等量化的方法，探讨影响行业协会发展的制度性因素，进行归类和重要程度评估；④基于政策分析等方法，从制度供给的角度，深入研究当前行业协会发展的制度供给模式及其创新。

拟解决的关键问题：第一，以"嵌入"视角在理论上分析新时代我国政府与行业协会的关系定位；第二，通过案例分析和实证分析，借助量化分析方法，探求政府和行业协会合作共治的"嵌入性"制度因素及其重要程度；第三，研究当前阶段行业协会发展的良性制度供给模式和路径。

三、研究方法与技术路线

本书结合党的十九大、党的十九届三中全会精神针对社会组织体制所提出的具体要求，运用公共管理学、政治学、社会学、经济学、法学等多学科理论与方法，交叉性、综合性地进行跨学科的协同研究，将规范研究、实证研究和对策研究有机结合起来。具体来说，本书将采用以下几种研究方法。

（1）文献研究法。

综合借助传统的文献内容归纳分析方法和计算机辅助的文本挖掘方法，有针对性地收集国内外与行业协会治理、社会组织管理、协同治理、制度变迁、政府社会关系、政府职能改革等与本课题密切相关的各个领域的研究文献、网络信息资源、非传统文献等，从理论研究角度，进行深入挖掘、分析，试图完整、清晰、系统展现国内外本领域的研究脉络、研究重点和研究趋势。

（2）案例研究法。

本课题将广东、温州、上海等地行业协会治理经验进行全面的案例分析，提取其共同特质与属性总结出相应的规律，找出影响行业协会发展的各种制度性因素，为开展全国行业协会研究提供案例素材和经验来源。

（3）问卷调查法。

行业协会改革涉及社会的方方面面，问卷调查法是经常采用的一种有效方法。根据课题本身的特征并结合实际情况，课题组将针对不同的对象进行三个方面的问卷调查：一是面向民政部门、工商联、工业经济联合会的问卷；二是面向全国性行业协会和北京、上海、广东、广西、温州的地方行业协会；三是面向部分行业协会的会员企业。预计发放问卷 200 份，主要用于搜集政府、行业协会主管部门、行业协会、会员企业对政府治理制度因素的看法、认识，为下一步分析制度供给的路径提供可靠的一手数据，保证研究的全面性和科学性。

（4）深度访谈法。

本课题拟选定部分有代表性的民政部门、行业协会负责人、会员企业进行深度访谈，针对行业协会改革、治理中的具体问题设计访谈提纲，对问卷调查形成的问题进行更深度地访谈调查，由此直观了解行业协会治理中的政府制度因素。

（5）定量分析方法（量化分析方法）。

基于问卷调查（里克特量表）的结果，采用皮尔逊相关性分析方法，筛选出与行业协会发展水平相关的制度因素；并基于相关性分析结果，采用多元线性的方法，探讨各个制度要素与行业协会发展水平之间的关系，从而为行业协会的制度供给，提供实证意义上的对策支撑。

（6）比较分析法。

本课题不仅将国内的市场经济发达地区行业协会治理模式进行比较总结，而且将国外发达国家的成熟模式予以剖析，通过比较国内外的行业协会治理经验，来探索我国全面深化改革时期政府治理行业协会的方式和路径。

本报告的技术路线如图 1-1 所示。

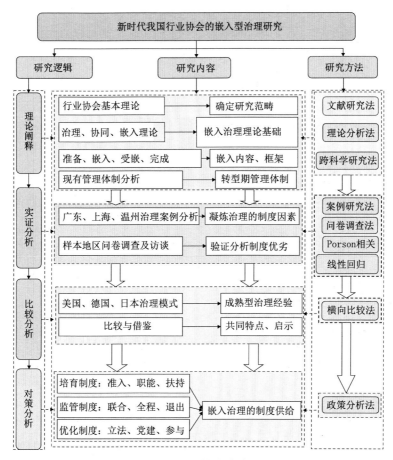

图 1-1　研究技术路线图

四、研究基础与可能的创新

（一）研究基础

本书深入学习和把握《关于加快推进行业协会商会改革和发展的若干意见》

《关于全面推开行业协会商会与行政机关脱钩改革的实施意见》等文件精神，以中央关于社会组织顶层设计的最新战略和安排，作为理论分析和政策研究的重要指导思想，使本项目研究置于社会组织全面深化改革的大局当中。

首先，前期工作准备充分。笔者作为主要执笔人参与了民政部"2014年中国社会组织建设与管理理论研究"的部级课题，参加中国石油企业协会等多个行业协会的实地调研，形成了4万余字的报告《协同治理视角下我国行业协会支持和服务企业"走出去"路径选择研究——以中国石油企业协会为例》，对行业协会的研究具有充足的理论积累和调研成果。笔者自2014年开始查阅行业协会相关的文献，形成了分类梳理的资料库，为本课题的进一步探索提供了较完备的理论基础和研究方向。

其次，研究数据具备可得性。两年来，笔者在参与民政部社会组织调研中，掌握了不少全国性行业协会和地方性行业协会的资料和数据；本课题也是笔者博士后的主要研究方向，2018年笔者结合承担的课题，开展了北京、浙江、广东、广西的问卷调查和实地访谈，获得较为翔实的一手数据；另外，民政部门、行业协会的大力支持和协助，也为本课题的数据收集提供了很多便利。

最后，研究活动的保障完备。笔者所在大学在社会组织研究方面，积累丰富，支持力度较大，为本课题的调研铺垫了较好的渠道；在前期研究当中，与民政部民间组织管理局社团管理二处、北京市民政局社会团体管理办公室以及众多行业协会建立了友好的联系，为课题调研和访谈打下了良好的基础。

（二）可能的创新

可能的创新主要在以下几个方面。

（1）研究领域聚焦于新时代的行业协会。

以往对行业协会的研究大多从行业协会的概念、产生、职能定位、发展方向的理论视角分析，或者从个别行业协会进行个案分析，但是这些研究未能赶上改革的步伐。目前中央对行业协会的政策和实践改革已经进入实施阶段，尤其是《行业协会与行政机关脱钩方案》已经实施三年多，中央和地方多家行业协会完成了"脱钩"改革；截至2019年6月，全国性行业协会完成脱钩改革426家，全国面临的行业协会改革亟待理论研究。本项目紧紧抓住党的十九大以来的行业协会变革实践，总结部分地区的探索经验，形成对这一时期行业协会的最新认识，把握其特征、探索其治理，在理论和实践上都是一个新的探索。

（2）以新的视角重新定位政府和行业协会的关系架构。

行业协会和政府关系问题是个热门的话题。不管是"政府部门的助手"，还是"市场自发力量的代言人"角色，都未能让理论界、政府和社会接受。本研究引入经济社会学中"嵌入"概念，立足当前时期改革进程和协同治理的目标，来试图构建一个新型的政府——行业协会关系，制度嵌入而非直接管控。政府通过合理的制度供给，吸纳包容行业协会参与社会治理；行业协会在"制度嵌入"的环境下调整自身行为，形成与政府的良性互动，达成协同治理的格局。

（3）采用实证分析来量化评估各种制度因素对行业协会发展的影响。

通过对目前已经率先进行行业协会试点改革的地区进行案例分析，总结分析政府提供的各种制度，将这些制度因素设计到《行业协会治理和发展调查问卷》中开展调研。对于调研获得的数据，通过皮尔逊相关性分析方法，筛选出与行业协会发展相关的若干个制度因素变量，而后通过多元线性回归，对各种制度因素变量进行线性组合，从而从量化的角度解释行业协会发展与制度因素之间的关系。

（4）探索性地提供了治理行业协会的制度供给框架和路径。

不少学者关于行业协会的制度研究，大多是关注某一具体方面，缺乏系统性。本研究认为，嵌入型治理的核心是制度供给。政府对行业协会的治理制度要系统地提供，不仅要有职能转接、政府购买、放开准入等培育性制度，还要有重大活动备案、信息公开、退出机制等监管性制度。这个制度供给框架和路径探索力求符合当前我国行业协会改革需要。

第二章

行业协会嵌入型治理的
理论基础及基本框架

第一节　行业协会的内涵、类型与功能

行业协会是中国社会组织的重要组成部分，关于其基本理论的研究由来已久，形成了关于其内涵、属性、类型、生成发展模式和功能定位等问题的基本认识，对于我们开展进一步的研究打下了良好的基础。

一、行业协会的内涵和属性

行业协会是社会团体的重要组成部分。社会团体一般分为公益慈善类、经济类、学术类、文化娱乐类、宗教类及综合类等，而行业协会则属于经济类的范畴。行业协会与其他社会团体之间存在明显的不同，[①]因此，把握行业协会的内涵、外延、属性和特征有助于我们全面认识行业协会。

（一）行业协会的内涵

行业协会的英语表达为"industry association""trade association"或"trade promotion association"。美国《经济学百科全书》这样界定行业协会的概念：行业协会是一种为共同目标而自发成立的行业性社会团体。而英国关于行业协会的含义则为：由独立的企业单位组织起来的、以促进行业内成员利益为目标的一种非营利组织。[②]而日本关于行业协会的界定，侧重于联合体的定义认为，行业协会是会员单位为了一致的行业目标和利益而成立的社会联合体。

---

① 黎军. 行业协会的几个基本问题 [J]. 河北法学，2006（7）：6-29.
② 贾西津，沈恒超，胡文安，等. 转型时期的行业协会 [M]. 北京：社会科学文献出版社，2004：18.

为了更清楚地理解行业协会，有必要将其与其他类型的社会团体进行对比，以廓清其外延。作为会员性的社会组织，行业协会不同于作为资金集合的基金会，也不同于提供教育、医疗等服务的民办非企业单位。行业协会所追求的主要目标是经济目标，而非政治目标，即使行业协会做出了影响政策的行为，也是为了通过影响政策而实现行业的经济利益。

行业协会因其所从事的活动主要集中于工业产业领域而区别于科技性、学术性的学会和研究会等科技学术性组织。行业协会主要是由相应产业行业领域的企业或者企业家联合起来组成的，而不是相关专业学科领域的研究机构或研究人员联合起来组成的。

在我国，行业协会属于一类非常典型的社团团体。根据国务院 2016 年 3 月最新修订的《社会团体登记管理条例》，社会团体是指中国公民自愿组成，为实现会员共同意愿，按照其章程开展活动的非营利性社会组织。笔者基于以上分析对行业协会做如下的界定：行业协会是由个人、团体或个人、团体的混合型会员而组成的、以保护和增进其内部全体成员既定利益为目标的非营利型社会组织。

（二）行业协会的属性

行业协会的属性是指除了定义性的描述之外，行业协会的本质特征。综观国内外的既有研究成果，我们发现用于解释行业协会本质属性的理论主要包括交易成本理论和物品理论。

关于行业协会的本质特征，较为一般的观点认为，行业协会是市场主体为降低或节约交易成本而采取的集体行动[1]。制度经济学的观点认为，行业协会是市场中具有相同市场影响力的利益关者组织起来的，谋求本行业共同利益的集体性组织。行业协会作为处于市场和政府这两种用于保护交易主体免遭交易风险侵害的"两极"治理机制之间的"混合型"治理机制，是一种既具有公共性，又具有私益性的治理机制。[2]因此，从交易成本理论的角度来看，行业协会是一种处于政府和市场两个端点之间的行业产业领域中网络型治理机制，行业协会是企业交易成本内部化的一种方式。企业可以将那些在企业内部来处理但内部管理成本大，交给市场上交易且市场交易成本也大的相关事务组织在行业协会中进行

---

[1] 王名，孙春苗. 行业协会论纲 [J]. 中国非营利评论，2009（1）：1-39.

[2] 余晖. 行业协会及其在中国的转型期的发展 [J]. 制度经济学研究，2003（1）：70-119.

治理，这样就将对于企业具有一定外部性的事务在行业协会中进行了内部化的处理。

物品理论从排他性和减损性两个角度将事物划分为四类，分别是纯公共物品（如国防）、纯私人物品（如汽车、衣服）、准公共资源（也叫共用物品，如地下水资源）和俱乐部性质物品（也叫收费物品，如博物馆和高速公路）。这四类物品在排他性和减损性程度上不尽相同。公共物品排他性低，减损性低，因此具有较强的外溢性，容易出现成本和收益不对称的问题。根据理性人的行为原理，没有收益只有成本的事情都不会去做，只有收益没有成本的事情都会去做，这就会造成"搭便车"等投机行为。为了校正这种扭曲的激励机制，一般而言公共事务就需要有强制机制，促成外部性的内部化，主要就是通过政府权力的强制征税等方式实现成本和收益的对称化。私人物品排他性高，减损性高，不容易出现成本和收益不对称的问题，因此，具有较弱的外溢性，因而，一般采用市场自由交易的形式进行治理。俱乐部性质的物品具有较强的排他性，但具有较弱的减损性，因此可以采用俱乐部等共同体的方式进行集体治理。行业协会是这种集体性的俱乐部，它所处理的事务对行业而言具有排他性，没有加入这个行业或者没有加入行业协会，就很难享受到行业协会提供的服务；但是对于已经加入行业协会的企业单位而言，则具有较低的减损性，行业协会提供的信息、政策等服务不会因为一个企业的消费而减少或者损失。

就行业协会的一般性质而言，市场性、行业性、互益性、非政府性，以及非营利性是其基本外在属性，它是介于政府和企业中间的社会中介组织，扮演着自身独特的角色。①

二、行业协会的生成模式与类型

从理论上分析，行业协会应当具有非政府性、独立性、自治性等特征，但中国行业协会生成的路径不同，不同的行业协会在非政府性、独立性和自治性等方面都有不同程度的表现。因此，进一步探讨中国行业协会的生成模式和具体类型，是将行业协会的内涵、属性及特征在中国社会的现实环境中进行还原的实践需要。因此，本部分将基于文献回顾和现实的角度，分析中国行业协会的生成模

---

① 特稿. 行业协会的组织与制度理论初探 [J]. 中国政府采购, 2011（5）：14-16.

式和类型。

（一）行业协会的生成模式

从理论推理的角度而言，行业协会是因应于市场经济中的企业对于共性需求的满足而出现的一种集体行动机制，因此其生成的模式应当是市场驱动或者说是企业驱动型的。但是，由于当代中国社会经历了计划经济下的全能政府时代、改革开放的社会主义市场经济时代以及正在进行的全面深化改革的时代，因此政府、市场、社会三部门之间的关系比较复杂，在很长的时期内中国市场的自主性和社会的独立性不足，中国在较长的时期内处于国家计划经济加计划社会、行政干预市场又吸纳社会的状态。因此，当前中国不同的行业协会在生成过程中受到的主要影响因素也不相同。

中国学者经过较长时期的观察和体验，对中国的行业协会的生成模式提出了不同的分类方式。主要有三种代表性的归纳和观点：一是由王名等在《中国NGO：发展、问题与政策建议》这份国际儿童基金会资助的课题主报告中提出的自上而下的官方途径、自下而上的民间途径这种两分法；二是由康晓光在《权力的转移——转型时期中国权力格局的变迁》一书中提出的三种生成途径，即自上而下、自下而上和外部输入等；三是由余晖等在《行业协会及其在中国的发展：理论与案例》一书中提出来的四种生成途径，即体制外途径生成、体制内途径生成、体质内外结合生成和法律授权产生等[①]。

贾西津等在《转型时期的行业协会》一书中从创办主体、协会定位、决策机构、工作人员、会费收缴率、政府资助、企业对协会的认同、协会对政府的期望、政府职能转移和行政权力寻租 10 个维度对政府推动型、市场内生型和混合型的行业协会的生成模式进行了比较分析（见表 2-1）。

（二）行业协会的类型

从生成模式角度划分行业协会类型是通常采取的一种方法，无论是政府推动型，还是市场内生型和混合型三种类型，在我国的行业协会发展中均具有十分典型的案例。

---

① 徐家良. 互益性组织：中国行业协会研究 [M]. 北京：北京师范大学出版社，2010：90.

表 2-1　行业协会的生成模式

项目	政府推动型	市场内生型	混合型
创办主体	政府部门	企业	政府发起，企业组织
决策定位	协助政府管理兼为企业服务	服务企业	服务企业为主，兼有政府引导
决策机构	政府主管部门或政府任命协会领导	会员大会、理事会	会员大会、理事会
工作人员	政府退休或分流人员	协会聘任	协会聘任
会费收缴率	较低	较高	较高
政府资助	有一定的财政补贴	基本没有	少量
企业对协会的认同	较低	较高	较高
协会对政府的期望	政府财政支持并转移行政职能	政府赋予一定的行业治理职能	政府赋予一定的行政治理职能
政府职能转移	有一些	基本没有	少量
行政权力寻租	普遍存在	基本没有	积极寻求

政府推动型的行业协会是中国从计划经济走向市场经济改革过程中的伴生物，尤其是在 20 世纪 80 年代国有企业的"政企分开""政资分开"过程中，国务院根据"按行业组织、按行业管理、按行业规划"的原则，成立了一些协会。到了 20 世纪 90 年代，中央将专业经济部门中的一部分改制为行业性总会，如成立了"中国纺织总会"和"中国轻工业总会"，作为国务院的直属单位，取代之前的纺织工业部和轻工业部。随着政府职能的调整和政府机构改革推进，或者是因应于市场经济调控的需求，政府在后来的发展过程中又推动建立了一些行业协会。

市场内生型的行业协会一般是由于同行业的企业出于共同的行业利益需求，自发自愿推动成立的。从合法性的角度来说，这一类行业协会由市场自发产生，有着充分的社会合法性，进而获得法律意义上的合法性。在浙江温州等市场经济比较发达的地区和北京中关村等企业活跃度较高的地方，有些行业的企业为了解决共同面临的标准、检测或者技术难题，自发地进行相互合作，成立相应的组织。例如，在 20 世纪 80 年代末期，温州的一些行业出现了随意降价、假冒伪劣等恶性无序竞争的问题，一些有先见之明的企业家在 20 世纪 90 年代开始自发地建立了行业性组织，后来随着业务的跨领域开展，同样在行业自发力量的驱动下，温州人在各地又建立了诸多异地商会。在中关村，闪联、TD 等产业技术联盟和其他的一些行业协会出于产业发展的需要由企业推动自发成立，但是在当时的环境下，受制于政策而不能以联盟的身份注册为法人组织，因此不得不以同样的名称注册为协会。

混合型的行业协会是在政府部门的推动和相应行业企业自愿参加的基础上成立的，这个过程可能是政府主动性强些，也可能是企业主动性强些。

生成模式是进行行业协会类型划分的一种方式，这种方式主要是根据其产生过程中政府与市场力量的介入程度进行划分的。按照生成途径进行类型划分为我们区分各个行业协会提供了重要依据，但是也存在一定的局限性，如郁建兴等在《民间商会与地方政府——基于浙江省温州市的研究》中指出，任何行业协会在产生和发展中都可能受到政府及外界环境的多方面影响，因此只考虑生长途径这一指标并不能完全区分行业协会的类别。[①] 因此，对行业协会进行类型划分的维度是多样的。

从层级和活动辖区范围来看，可将行业协会分为全国性行业协会、地方性行业协会。地方性行业协会又可以再细分为省级、地市级、县级和乡镇级四个层次。全国性行业协会的活动范围是全国领域内的，可以在全国范围内发展会员。地方性行业协会的业务活动范围则是地方辖区内的，在地方辖区范围内发展会员。当然，从层级的角度还可以将行业协会进行更加详细的类型划分，如中华全国工商联合会在《2013 年下半年关于会员和组织发展情况的通报》中，将其商会组织发展情况分为行业商会、乡镇商会、街道商会、园区商会、异地商会、市场商会、楼宇商会和村商会等多种形态。

从行业分类的角度来看，中国传统的说法是"三百六十行"，而正规的分类则是《国民经济行业分类》进行划分的。依据《国民经济行业分类》的划分结果，我们当前的行业共有 18 个门类。对应于这些行业分类，就会出现相应的社会组织。除此之外，行业协会的分类还可以从涉及的产业链的方向方面分为横向和纵向类型的行业协会等。例如，宋文丽在《我闻渔业行业协会的现状与发展研究》一文中分别以地域、功能、性质和类别等角度对渔业行业协会的类型进行了分析。

三、行业协会的功能与作用

从行业协会的内涵和属性来看，行业协会是弥补政府和市场之间的中间领域，为行业企业提供共性的产品、服务或者开展共性的活动。因此，从功能定位

---

① 郁建兴. 民间商会与地方政府——基于浙江省温州市的研究 [M]. 北京：经济科学出版社，2006：21.

的角度来看，行业协会首要的功能是提供符合行业共性需求的产品或服务。

在学术界，行业协会作为一种社会中介组织，众多的学者关于其作用有着较为普遍的观点：一是接受政府委托或授权，履行部分行业治理职能；二是保护协会会员企业的合法利益，促进社会主义市场经济的完善；三是国际维权，集合会员乃至国家的行业利益，进行统一的国际反倾销、国际诉讼解决贸易争端；四是进行行业标准制定，承担行业调研，为政府经济决策提供服务。[①]

理论上的功能定位不一定等同于现实实践中行业协会的具体作用发挥。就实践中行业协会的作用发挥具体可以从政府的政策文件和对行业协会的活动调查中进行梳理。根据原国家经济贸易委员会 1999 年出台的《关于加快培育和发展工商领域协会的若干意见》（国经贸产业〔1999〕1016 号），工商领域行业协会的职能可以分为 3 类 17 项，具体包括了行业调研、行业信息、办刊办报、组织培训、指导会员、科技成果推广、国内外交流合作、行规行约规范、保护合法权益、接受委托参与制定行业标准、行业市场建设、行业公益、国际维权等。

近年来，一些学者，如郁建兴团队对基于市场自发产生的行业协会职能进行了系统研究，提出了行业协会"三层次"职能体系：一是基础性核心职能，服务会员，包括传递行业和市场信息以及协调会员关系、代表会员利益等；二是行业协会的优先职能。在新的时期主要是推进统一开放、竞争有序的市场体系建设；三是其他职能。主要包括行业公共性较强，对行业协会的组织能力要求较高的职能，如建设行业公共服务平台职能和实施行业环境治理职能等。[②]

第二节　嵌入性分析的理论观点

嵌入性理论（embeddedness theory）是一个强调经济活动中存在与非经济因素相关的不确定性的经济社会学理论。嵌入性理论的发展经历了一个从无到有、从模糊到清晰的过程。

---

① 崔艳丽 . 论我国行业协会发展中的问题与对策 [D]. 长春：吉林大学，2005.
② 张建民 . 全面深化改革时代行业协会商会职能的新定位 [J]. 中共浙江省委党校学报，2014（9）：29-38.

一、嵌入性思想的初创

"嵌入性"概念是经济社会学的重要理论，它是在对传统经济学批判继承的基础上，从全新的视野来审视经济与社会共同构筑的经济社会理论。理性选择、最大化最优化决策是传统经济学的核心，在追求最佳模型化的过程中，逐步暴露出其弊端和难以解释的领域，社会学专家基于对现实的长期考察，认识到这种理性抉择理论并不能解释很多的社会现象，理性经济人的假设也常常导致错误的结果和判断。

在理论研究中，"嵌入性"概念最早由 20 世纪著名的经济史学家卡尔·波兰尼（Karl Polanyi）在《大转型：我们时代的政治与经济起源》一书中首次提出[1]。他的主要观点是提出了对经济理论的分析要置于制度的框架之下，强调了经济主体的社会嵌入性。他将经济的实质，看作是人和环境互动的制度化的过程。他认为，"人类经济嵌入并缠结于经济与非经济的制度之中，将非经济的制度包括在内是极其重要的"，"经济作为一个制度过程，是嵌入在经济和非经济制度之中的"[2]。波兰尼强调了宗教和政治对经济有着重要的影响。他认为，19 世纪后的经济逐渐成为一个封闭的系统，市场通过价格机制进行自我调节，宗教、政治和社会关系都独立于这个系统，这个自足的经济系统导致了一些社会问题的出现。波兰尼对经济交易类型的分析是建立在互惠、再分配和市场交易三个方面的。互惠和再分配都是以共享的价值观和道德规范为基础的，而市场化交易只考虑货币体制。波兰尼认为，政治、宗教和经济之间的嵌入性造就了一个社会开放系统，将生产和其他社会活动分割开来是十分困难的，社会制度与经济行为保持着相互依存的关系，经济主体与社会之间具有密切的联系。嵌入性是社会生机之源。[3]

二、嵌入性思想的发展

20 世纪 80 年代起，嵌入性理论获得了快速的发展，成果卓著，与社会学、管理学等学科融合加快，成为众多学科的重要理论分析工具。[4]

---

① POLANYI K. The great transformation : the political and economic origins of 0ur time[M]. Boston，MA：Beacon Press，1944：126.

② 波兰尼. 大转型：我们时代的政治与经济起源 [M]. 冯刚，刘阳，译. 杭州：浙江人民出版社，2007：61.

③ 许冠南. 关系嵌入性对技术创新绩效的影响研究 [D]. 杭州：浙江大学，2008.

④ 兰建平，苗文斌. 嵌入性理论研究综述 [J]. 技术经济，2009（1），104-109.

1985 年，美国斯坦福大学的马克·格拉诺维特（Mark Granovetter）对"嵌入性"做出了深入的研究，推动嵌入性研究不断向前发展。格拉诺维特认为，"我们研究的组织及其行为受到社会关系的制约，把它们作为独立的个体进行分析是一个严重的误解"。格拉诺维特在《镶嵌：社会网与经济行动》一书中提出，经济活动是在社会网络（制度）内的互动过程中做出决定的，新古典经济学在分析经济行为时存在"社会化不足"，社会学理论中则存在"过度社会化"[①]。他在《美国社会学杂志》上发表的《经济行动和社会结构：嵌入性问题》[②]一文是嵌入型观点的经典之作。整体而言，他的理论研究，对嵌入性概念做出更为科学的界定，确立了理论核心和框架，对后来的研究者奠定了良好的基础。

沙龙·祖金（Zukin）和狄马乔（Dimaggio）提出嵌入性分为四种类型：结构嵌入性、认知嵌入性、文化嵌入性、政治嵌入性[③]。沙龙·祖金认为政治因素对经济组织的行为选择具有很大的影响，甚至会改变或塑造经济组织的运行规则和行为惯性，这种机制就是所谓的"政治嵌入性"。阿波拉菲亚（Abolafia）提出了制度嵌入性（Insititutional Embeddedness），指的是组织与制度环境的关系，组织的行为和对外部资源的获取，受制于嵌入的制度因素，于是形成了大量较为相似的一类组织。[④]

彼得·埃文斯（Peter Evans）使用嵌入性分析国家与社会间的动态关系，在其著作《嵌入性自主：国家与工业转型》中认为，发展型国家的成功得益于嵌入式自治（embedded autonomy），发展中国家的经济发展需要一个深深嵌入社会的官僚体制。嵌入式自治是国家官僚体系与经济力量通过制度化的途径达成共同目标，享有嵌入式自治的组织不直接参与生产经营活动，而是保持价值中立和将官僚的使命视为规制、创造友好的经济环境、帮助和支持新兴企业，激励它们采取更具有挑战性的行动。埃文斯在《国家与社会共治：发展中的政府与社会资本》一书中曾提出，国家可以通过一定的制度安排将国家嵌入社会或者让公众参与公共服务，实现国家与社会共治。

①　格兰诺维特.镶嵌：社会网与经济行动 [M].罗家德，译.北京：社会科学文献出版社，2007：49.

②　GRANOVETTER M.Economic action and social structure：the problem of embeddedness[J]. American journal of sociology，1985，91（3）：481-510.

③　ZUKIN S，DIMAGGIO P.Structures of capital：the social organization of economy[M].Cambridge，M-A：Cambridge University Press，1990.

④　杨玉波，李备友，李守伟.嵌入性理论研究综述：基于普遍联系的视角 [J].山东社会科学，2014（3）：172-177.

三、政府与行业协会嵌入性分析的可能性

嵌入性分析对社会科学研究而言，无疑是一种思想方法的革新。要素分解和解析方法一直作为社会科学的研究传统，嵌入性分析抛弃了这种套路，将社会领域与经济、政治领域联结起来，并指出它们相互影响的机理和事实。嵌入性分析承认并重视嵌入的制度因素对社会当中各个组织的影响，每个主体的行为都影响和连接多个领域，相互缠结嵌入，构成一个复杂的社会系统。近年来，越来越多领域的专家学者发展了嵌入性理论。经济社会学、政治经济学、社会资本、网络与组织等领域对嵌入性理论进行了解析和研究。

从嵌入性理论的发展演化过程来看，其虽然发源于经济社会学领域，但主要聚焦于经济、政治、文化、社会资本、组织关系等环境因素对经济组织运行过程及其发展态势的植入性影响。当前，已经有一些学者关注到中国政府与社会关系的新变化，将嵌入性概念引入到政府—社会关系的诠释当中，在宏观层面分析了基本的机理，理论上也有了一定的突破。但是，总体而言，嵌入性对于当前中国政府与社会之间的关系，尤其是政府对社会组织治理的模式探索上，还有很大的空间可以深化阐释、研究与应用。

行业协会是我国社会组织当中发展最为成熟的一部分，同时也是政府进行社会管理中的一个重要环节。基于对嵌入型理论的认识，我们认为行业协会与政府是相互作用的。国家和政府作为一个政治环境因素，可以通过制度规范将自身的政治偏好"嵌入"到行业协会的运行发展当中，行业协会在其运营当中也不可避免的接受嵌入，获得政府资源，实现对行业调控及引导治理。[①]

第三节　现代治理理论的发展

一、治理理论

治理（Governance）是 20 世纪末提出的一种理念。就其原意，主要是指国

---

① 　时东芳. 行业协会的政府监管机制研究 [D]. 哈尔滨：哈尔滨工业大学，2012.

家、政府或其他管理者对社会公共事务的管理活动。世界银行这样描述治理：
"治理是利用机构资源和政治权威管理社会问题与事务的实践。"[①] 近年来，治理概念的应用范围不断拓宽，从政治学领域扩散到经济社会学。罗西瑙（James N.Rosenau）是治理理论的主要创始人之一，他对治理的本质进行了阐述，认为治理与统治、管制、强制不同，治理是一种规则体系，它更依赖于主体间的同意，治理实际上是一种各治理主体间的竞争与协作过程。[②] 我国著名学者俞可平对于治理的界定是，政府和社会的公共组织在特定的范围内使用公共权威维持公共秩序的必要活动。其主要目标和宗旨在于规范引导社会个体的活动，促进公众利益更好的实现。陈振明提出治理就是对合作网络的管理，是多元公共行动主体（包括政府、私营部门、第三部门及个人）为公共利益而进行的相互合作，共同处理公共事务的活动。[③]

尽管不同的组织和专家对治理的定义不尽相同，但是关于治理理论的基本特征，都有较为一致的看法。例如，治理的参与主体是多元化的，政府之外的公共力量也可以参与；治理的对象是公共事务而非个别事务；治理的目的是协调各种利益关系，促进共同发展；治理的前提和基础是法治化的环境、公平民主的规范秩序建立等；治理的方式不是强制而是协商、沟通、对话，达成一致的同意，采取联合行动，实现共同目标。

二、协同治理理论

协同治理理论是今年较为新颖且流行的理论，其借鉴了自然科学中的协同论，与和社会科学中的治理理论进行交叉融合，对于解释社会系统协同发展有着较强的解释力。

协同治理理论是协同学与治理理论交叉形成的新兴理论，尽管它目前还不是十分成熟，但是其基本的特征和框架已经比较成形。一是协同治理的基础是治理主体的多元化。政府机构、第三部门、企业组织、社区、家庭都将成为协同治理中的一分子，发挥相应的作用。二是各个子系统的协同性。社会系统的复杂性、

---

① 中共中央政策研究室党建组. 邓小平新时期执政党建设论述（专题摘编）[M]. 北京：党建读物出版社，2004：56.
② 罗西瑙. 没有政府的治理 [M]. 张胜军，刘小林，等，译. 南昌：江西人民出版社，2001：136.
③ 陈振明. 公共管理学——一种不同于传统行政学的研究途径：第二版 [M]. 北京：中国人民大学出版社，2003：194.

动态性和多样性，在当今社会日益显现。经济、社会、自然等子系统，社会领域的不同行业、层级、地区子系统等等，都需要进行平等友善的协作，依赖有效沟通机制，平衡各自的诉求，为公共事务和共同利益而做出各自相应的回应。三是自组织组织间的协同。自组织组织现代社会和协同治理中的重要主体。对政府管制的排斥，使得自组织组织在某些社会领域的空间日益增大，而对整体社会系统而言，这些组织本身需要相互间的协同，才能发挥出最大功效。四是共同规则的制定。卷入协同治理的社会主体数量多、涉及面广，依赖传统的上传下达很难获得一致的集体行为，这就需要行动规则的塑造和完善，来实现公共约束和自我约束，保障协同的实现；五是协同治理的基本逻辑建立在理性的基础之上，相信现代理性（如法治）的力量可以化冲突为分歧，走向协同。[①]

协同治理理论对于我国市场化改革不断深化的当今社会体系具有很强的指导意义。无论在方法论上，还是理论意义上，对于行业协会这一传统的社会组织群体，面对改革所带来的社会转型，处理好与政府的关系、与企业的关系以及应对国际交流的挑战，都需要行业协会与其他社会子系统或者行为体的协同，以发挥整体大于部分之和的功效。所以，协同治理理论有助于社会整体治理效果的改善，从而促进社会协同发展。

三、制度变迁理论

美国经济学家道格拉斯·C.诺思（Douglass C. North）最早提出了制度变迁理论。就一般意义而言，制度变迁主要是指制度体系的部分改变或全部创新，是新老制度的更替，是制度完善变化的理论描述。

自西方新制度经济学理论引入我国之后，不少专家学者对制度变迁理论进行了分析、研究和阐发。较为引人注目的有林毅夫的制度变迁二元论。林毅夫在剖析了诱致性制度变迁（拉坦所提出）后，提出了强制性制度变迁的概念和框架。自上而下的政府政策推动或者法律法规的颁发推行，是强制性制度变迁的发动力量，它弥补了诱致性制度变迁的被动性，对国家和政府在制度方面的干预给予一定程度的正面评价。杨瑞龙依据制度变迁理论，考察了拥有资源配置权的地方政府在一定阶段扮演制度变迁"第一行动集团"对于推进我国市场化改革所起的特

---

① 李汉卿. 协同治理理论探析 [J]. 社会经纬，2014（1）：138-142.

殊作用，并指出我国制度变迁的路径是，从供给型制度变迁到中间扩散型制度变迁，最终与市场经济需求逐步获得较为一致的诱致性制度变迁。李汉林等认为嵌入性作为组织和制度变迁的结构性环境，直接决定组织制度变迁的方式、方向和效果，同时在制度变迁中，意识形态在组织及制度变迁和创新的社会化过程中起到了非常重要的作用。

目前我国的行业协会制度尚未完善，结合全面深化改革的要求和进程，及时进行制度创新迫在眉睫。近些年来行业协会的制度修正和完善，使我们可以看到，在当前中国全面深化改革时期，仅仅依靠基于社会和市场自发修正和变革的诱致性制度变迁，不能满足当前时代的要求和政府职能转型改革的大局，必须通过一定程度上的强制性制度变迁，才能使我国的政府与行业协会关系能够破冰而出。法律法规和政府政策的出台，将成为未来行业协会制度变迁的重要推动力量，也是我们的现实选择。

第四节　行业协会嵌入型治理的基本框架

一、行业协会嵌入型治理的动力机制

第一，从社会治理变革的规律和经验上来看，嵌入型治理是一种应然选择。我国对行业协会的传统管理是一种"分类控制"的模式[①]，"不敢放手、不愿放手"的威权理念造就了"行政吸纳社会"[②]政社关系格局。依照菲利普·C. 史密特（Philippe C. Schmitter）的法团主义理论，我国的政社关系具有很强的国家法团主义特征。这种国家法团主义的倾向，深深影响了我国的社会团体监管体系，公众和社会力量的组合受到国家和政府的高强度防范，社会团体相关行政法规的出台大多以限制社会团体的活动空间为主要目的。[③]市场化改革和行业协

---

① 康晓光，韩恒. 分类控制：当前中国大陆国家与社会关系研究 [J]. 社会学研究，2005（6）：73-89.

② 康晓光，韩恒，卢宪英. 行政吸纳社会——当代中国大陆国家与社会关系研究 [M]. 北京：世界科技出版公司，2010：153.

③ 张静. 法团主义 [M]. 北京：中国社会科学出版社，1998：49.

会的多元发展，正推动我国走向行业协会与政府共同合作共存的社会法团主义阶段[①]。

郁建兴和周俊对温州行业协会的研究发现，虽然政府力图加强控制，但是行业协会还是积极寻求参与行业治理，并不断获得政府的赋权而获得发展，从而使这种国家与社会相互赋权的发展模式远比社团一味寻求增加独立性的发展模式更为可行。主要发达国家的行业协会治理模式中，美国、英国属于市场驱动型的"水平模式"，德国、日本则偏向于政府主导的"垂直模式"，而我国不能简单照搬任一模式，探索符合自身国情的特色道路才是当务之急。政府通过多种治理因素进行制度嵌入、行业协会独立运行，是目前可行、科学的治理范式。

第二，深化改革下的政府职能转移是嵌入型治理的最主要、最直接的推动力量。作为东方大国，国家和政府的力量千百年来一直主导整个社会。但是随着我国社会主义市场经济的不断发展，现代国家治理理念的不断完善，政府正在调适自身以我国经济社会的快速发展和国际化、现代化的时代需求。从 20 世纪 90 年代至今 20 多年来，政府职能改革一直作为呼应经济改革的重要方向。无所不包、无所不管的大政府正在积极主动卸下包袱、站好位置，与社会力量共同治理国家。在政府与行业协会的改革之中，政府仍然是倡导者和主导者，希望行业协会能够承担起行业治理的重任，减少自身在微观领域的直接管理。同时，政府机构改革的方向也是精简、压缩，也需要将行业职能转移出去。因此，政府设定规则，行业协会在合法的范围内开展行业治理，已经成为政府和社会的共识。全面深化改革是一个系统工程，政社分开是基本要求，包括行业协会在内的社会组织积极发展并发挥应有作用，不仅可以为政府减负，使政府回归基本职能，也能够提高政府管理效率，减少行政成本，提升现代化治理的水平。

第三，行业协会自身的发展，为嵌入型治理创造了良好的外部条件。我国市场经济的快速发展，经济领域取得了巨大的成就。市场自发形成的行业协会自 20 世纪末开始逐步登上中国社会团体的重要舞台，数量上有了很大的增长，在行业治理和公共事务参与方面，也开始崭露头角。与政府部门转制生成的行业协会不同，市场型行业协会从诞生之日起，就有着与社会和市场密切联系的广泛基础。

---

① 张长东，顾昕. 从国家法团主义到社会法团主义——中国市场转型过程中国家与行业协会关系的演变[J]. 东岳论丛，2015（2）：5-13.

它们深谙行业困境，熟悉行业隐形规则，更明白政府对行业发展的期望，也深知会员企业的发展痛点，所以，它们更接近于现代行业协会的要求，无疑在未来的发展中，将成为行业协会的引领力量。政府的职能转移和"嵌入"，需要行业协会提升能力，增强行业的代表性和行业权威，所以市场型行业协会的崛起和脱钩后的官办行业协会，都将为政府与行业协会之间的新型"嵌入"关系奠定坚实的基础。浙江、广东、上海等地市场推动型行业协会的快速发展，形成了新的行业治理力量，从它们的产生基础而言，建立一个较为自由宽松的制度，有利于激发行业协会的活力，也是其进一步健康发展的现实需求和保障。

二、行业协会治理的"嵌入"机理

基于嵌入性理论的发展应用和我国行业协会治理的改革实践，笔者认为可以将嵌入性理论的研究对象从经济型组织扩展到包括行业协会在内的社会组织，将影响行业协会运行发展的多种因素聚焦于治理及政策因素，即重点分析政府如何运用多种政策工具和制度因素进行干预、调整、引导行业协会，形成特定的机制和制度，使自身的政治偏好"嵌入"行业协会的运行和发展当中，从而达到对行业协会的运转进行干预和引导的目的。基于嵌入性理论的基本思想形成对行业协会的治理模式，我们可以称为"嵌入型治理"。

全面深化改革时期的行业协会治理，最突出的特征之一就是政府与行业协会的脱钩，政府失去了与行业协会之间传统的、直接的管控关系，而转向寻求通过一系列的制度设计，自上而下的构筑一种新的现代化的治理关系。

从过程上来看，嵌入型治理包括准备、嵌入、受嵌、完成四个阶段（见图2-1）。而我国目前的改革实践和当前阶段，仍处于准备阶段，某种程度上而言，属于"休克"疗法。即全国和各地政府纷纷实施脱钩方案，行业协会从地位上要重新谋取职能分工、办公场所、资金、独立的财务和人员管理等资源。从准备、嵌入到受嵌完成，也是我们行业协会治理改革的整个过程。

从逻辑关系层面分析，政府对行业协会的治理涉及两个层次的因素：治理意愿与治理能力，前者是指政府对行业协会治理和控制意念的强弱程度，反映出政府主观治理意志程度的大小；后者是指政府对行业协会治理的具体策略和实际状

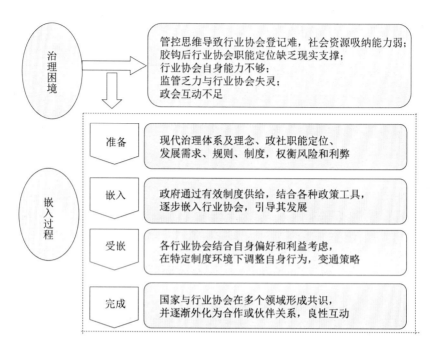

图 2-1　嵌入型治理流程阶段图

况，是政府实现治理意志的手段和工具。当前我国政府的治理意愿方面，一方面政府对行业协会尤其是市场型行业协会的吸纳意愿增加，希望通过行业协会扩大增强对行业的治理；另一方面基于现代社会治理的基本规律，政府在形式上要赋予行业协会较为独立的运转空间，不能直接管控，治理意愿有着现实边界和有形的约束。在政府的治理能力方面，嵌入型治理体现在以下两个维度：一是政府对行业协会管理的制度化水平提升，传统的登记、备案、名称管理、年检等管理业务将进行规范；二是政府对行业协会治理手段的多元化，表现为除了原有的行政手段之外，法律手段、经济手段更为大量的使用。

上述四个方面构成了嵌入型治理的基本内容（见图 2-2），即较强的吸纳意愿、有边界的治理、较高的制度化水平、多元化的管理手段。这些内容构成了嵌入型治理的主体思想，但是从现实的治理工具和手段来讲，这些自上而下的设计，必然通过国家的法律、政策、规范等系统制度供给，来作用于治理对象——行业协会。加大行业协会治理的供给侧改革，形成系统的制度供给，是解决当前行业协会治理困境的重要路径之一。

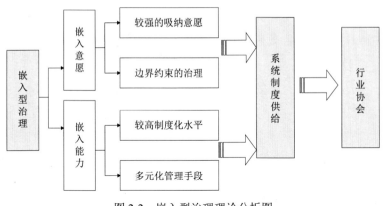

图 2-2 嵌入型治理理论分析图

三、行业协会嵌入型治理的特征

对行业协会实施嵌入型治理，在新时代的时代背景和历史条件下，有五个比较突出特征，也是我们进行变革需要注意的基本方向。

第一，制度供给为核心，培育和监管并重。行业协会的嵌入型治理，必然面临着政府、行业协会和现行各种体制机制的约束和制约。推动此次改革，不能采取渐进式改革策略，必须以系统的制度设计和供给为核心，以市场经济发展和全面小康社会的目标为指引，全面理顺政府和行业协会的关系。在这个阵痛过程中，脱钩是大势所趋，中央已经明确了此政策，正在稳步试点，行业协会面临的压力和转型前所未有，所以当前的行业协会治理政策，必须要有培育政策和监管政策"两种力量"，既要有坚强监管的推力，又要有积极培育的拉力。

第二，合作共治，吸纳性强。嵌入型治理是基于善治理论、协同治理和制度变迁理论提出的全新治理模式，它主张政府和行业协会作为独立的主体，共同治理各个行业和社会事务。在这种模式下，政府对体制内行业协会实行脱钩改革，对体制外行业协会鼓励其登记和发展，在更大范围上，广泛吸取行业协会这一社会组织的积极力量，吸纳市场推动的新兴行业治理力量，有利于社会资源的优化整合和政府的善治达成。

第三，治理主体多元，业务前中后监管。对行业协会本身的治理，嵌入型治理提倡除政府各个部门的监管外，引入法律制度、诚信制度、信息公开制度，鼓励第三部门、其他行业协会、会员单位、媒体和社会，广泛参与到行业协会的日常监督和管理中来；对于行业协会的运营，逐步健全事前、事中、事后的全过程管理，使行业协会业务活动更多的处于政府、社会、制度的监管之中。

第四，登记、变更、退出全过程治理。嵌入型治理秉持自由、公平的基本法治理念，对所有合法登记的行业协会既赋予充分的社会权利，又"约法三章"，从其登记注册、日常变更到激励和退出过程，都有详细而明确的制度规范。宽入宽出的基本准则，类似现代企业的运行一样，能够激发行业协会的活力，提高行业协会的竞争力，最终更好地服务于会员企业、社会大众与政府及公共事务。

第五，优化提升，政会互动。嵌入型治理的宗旨，就是促进行业协会在更高层次上发挥其应有职能。政会互动的要求，对于我国行业协会的地位和目前履行职能情况而言，可谓是较高的要求。但是，随着深化改革的不断推进，在政府的各种制度嵌入引导下，行业协会成长壮大，成为愈发成熟的社会组织，其必然会在服务政府、服务社会方面，做出积极贡献。参与行业公共政策制定、在国际上为行业发展争取利益、通过政府购买等途径在更多的领域主动与政府携手互动。

第三章

我国行业协会管理体制变革
与新时代面临的挑战

改革开放 40 多年来，中国以市场机制解放企业资源，激发市场活力，创造了举世瞩目的经济发展成就。作为联系政府、企业、市场之间的桥梁纽带，行业协会为促进我国经济社会发展发挥了积极作用。在我国进入新时代的大背景下，探讨政府与行业协会之间的关系，如何通过有效治理，促进行业协会健康发展、积极发挥"共益性"作用，对于推进国家治理体系和治理能力的现代化具有迫切的现实意义。

第一节　我国行业协会管理体制的变革

行业协会产生与发展有其所依赖的社会经济基础。我国改革开放以来，不同的阶段有着不同的发展要求，行业协会的形态、地位与管理都有所不同。

一、改革开放后（1978—2004 年）的行业协会管理

（一）分散管理时期（1978—1989 年）

改革开放初期，我国对社会组织的管理与公司企业管理类似，采取了松绑、放开的原则，社会组织由高度管控到突然释放，获得了很大的空间；加之我国政府职能正处于转型时期，也急需社会组织来承担政府的部分职能，行业协会等社会组织出现了一次大发展的契机。20 世纪 80 年代初，依据"按行业组织、按行

业管理、按行业规划"的基本准则,陆续成立中国包装技术协会、中国食品工业协会、中国汽车工业联合会等行业协会,承担着部分行业管理职能。从 20 世纪 80 年代中后期开始,政府推动建立的行业协会日益增长,设立行业协会的领域也不断扩张,形成行业协会的成立和发展浪潮。

这个阶段的行业协会大多是政府部门主导、行政推动设立,大多完全依赖政府,其功能也是履行政府的部分授权,对行业发展的作用很小,实质上并不是现代意义上为会员服务的行业协会。分散管理是这一时期的特色,众多的政府部门、国有企业、事业单位都有设立行业协会的情况。尽管行业协会数量上增长很快,但是行业协会与政府的界限不清,制度和法律的空白,使得行业协会登记和管理混乱,为后来的行业协会治理和改革形成了一定的阻碍。

（二）归口管理时期（1990—2004 年）

针对社会组织管理混乱、多头管理的格局,国务院经认真研究,改革了社会组织的管理体制。从 1988 年起,社会组织的统一管理权被授权给民政部门,次年颁布实施了《社会团体登记管理条例》,对行业协会等社会组织的管理做出明确规定:除特殊规定的社会团体可以免于登记,成立社会组织必须经相关的业务主管部门审核同意,再经民政部门统一登记注册,其他政府部门不具有成立行业协会的权限。这种管理体制沿用至今,就是所谓的"归口登记、双重管理"模式。

双重管理的模式推行之初,较快地抑制了社会组织快速无序增长的局面,使行业协会等社会组织的发展限定于一定的空间范围,社会组织的数量在 20 世纪 90 年代不断减少。[①] 对行业协会而言,计划经济的思维和体制约束仍然存在,行业协会仍然受到政府的较多干预,功能发挥仍不到位。同时,一个明显的现象是,随着 20 世纪 90 年代的民营经济崛起,企业自发设立的行业协会开始登上历史舞台。

二、转型时期（2005—2012 年）的管理变革

党的十五大以来,和谐社会和政府职能的深化改革,行业协会等社会组织的作用日益凸显,中央对行业协会也日益关注。党的十五届四中全会明确指出,社

---

① 闫彦,朱孔来,刘学璞. 社会组织管理创新与"嵌入型监管"模式研究 [J]. 中外企业家,2014（8）：50-52.

会中介服务机构要与政府脱钩；党的十六届三中全会提出，按市场化原则规范和发展各类行业协会、商会等自律性组织。国务院也三令五申，要求加快行业协会的改革；地方省份多有举动，但是因多数行业协会带有先天的计划经济体制官办社团的烙印，全新改革并非易事。

这一时期，地方政府在探索行业协会民间化和脱钩改革的道路上，做出了很多有益的探索和尝试。2004 年，南京市开始推行行业协会改革，主要目标是"政会分开""布局调整"和"政府职能转移"，次年，南京有 152 家行业协会与政府脱钩。2005 年，武汉市对一百五十多家行业协会进行脱钩改革，包括人员、机构、财政的分离，并依据行业发展制定了行业协会的结构和目标体系。2012 年年底，湖北省民政厅出台政策，明确规定"公务员不得在行业协会兼职，凡兼职的要在 2013 年年底前退出"。

这一阶段的行业协会改革带有明显的政府烙印，无论是脱钩还是民间化，都是指向市场化的方向，符合我国社会主义市场经济的整体方向。众多地方政府的探索尝试，为我们今天的深化改革奠定了一定的基础。

这一时期，我国行业协会的政府监管机制可概括为六个方面分别是：行业协会的竞争机制、税收机制、奖惩机制、审查机制、信息披露机制、准入机制。我国行业协会的政府监管可总结为：统一登记、双重负责、分级管理。我国行业协会的政府监管流程，如图 3-1 所示。

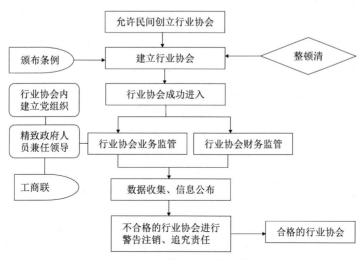

图 3-1　我国行业协会政府监管的流程图

三、当前（2012 年至今）我国行业协会的管理探索

2012 年至今，政府与行业协会关系进入了崭新的新阶段。2012 年年底，党的十八大明确提出要"加快形成政社分开、权责明确、依法自治的现代社会组织体制"。党的十八届三中全会确立了政府向市场、社会放权的改革方向。2015 年7 月，中共中央、国务院关于行业协会的"脱钩方案"正式出台，全面深化改革的脱钩进入"正在进行时"。政府与行业协会之间的关系正在面临着不断突破、解构与重构。[①] 这几年当中，我国中央和地方关于行业协会改革发展的探索更加具有现实性、科学性。

直接登记的基本制度已经确立。自 2013 年起，国务院明确了包括行业协会、公益慈善、社会福利在内的四大类社会组织，可以不经业务主管部门前置审核，依法直接到民政部门申请登记。这项制度在不少地方已经出台了具体的实施办法，成为可操作性的登记指南。对其他类型的社会组织登记方面，也逐步开始松绑，最终将由民政部门统一登记主管。

备案制度的呼声渐高，并且逐步成为重要的改革方向。基于降低社会组织进入的考量，采取备案的方式，将有利于大大促进行业协会等社会组织的大量涌现。尤其是对于自发生成的行业协会，是建立一个平等的起跑线，营造公平、有序、竞争氛围的重要举措。

监管体系的完善也是改革的另一个方向。在社会组织入门标准降低的同时，监管也相应地提高了要求。北京、上海等地行业协会监管，出现了协会评估、第三方评估等制度；协会信息公开和社会监督的措施也不断加强，监管体系正逐步走向立体化。

整体而言，我国行业协会管理中的"双重管理"（又称二元管理模式，是指行业协会由政府民政部门与各行业政府主管部门共同管理的模式）、"归口管理""分级管理""属地管理""一业一会""一地一会"等基本制度正在面临全面变革，这个阶段的任务是在明确了改革方向的基本前提下，进一步加快探索，以更加规范、完善的方式促使行业协会与政府彻底脱钩，推动促进行业协会发挥现代行业治理的作用。

---

① 宋晓清 . 全面深化改革时代政府与行业协会商会关系的重构 [J]. 中共浙江省委党校学, 2014（9）: 45-52.

第二节　新时代我国行业协会治理面临的挑战

现代行业治理体系的建立是一个渐进的过程。根据中国工业经济联合会课题组的调研结果，我国行业协会的生成模式中，政府推动或政府机构重组改制设立的占64.1%，市场自发设立的仅占29.7%[①]。行业协会尤其是体制内行业协会在新时代正在进行前所未有的变革，尤其是以脱钩为核心内容的改革，对新时代政府治理而言，也将是一个阵痛、转变到逐步调适的过程。新时代的行业协会治理，面临的挑战主要有以下五个方面。

一、准入制度有待进一步突破，行业协会社会吸纳能力亟须增强

行业协会的准入门槛较高，对新进入的行业协会而言，需要较为完备的资质和条件。从社会团体登记注册的相关条例来看，我国对包括行业协会在内的社会团体实行的是抑制竞争、有限度发展的基本导向。直接登记制的推广落实，行业协会的准入门槛正在逐步降低，但当前无论是国家层面的全国性行业协会还是地方行业协会，直接登记落实力度均十分不足。在现行的登记管理制度下，"在同一行政区域内已有业务范围相同或者相似的社会团体，没有必要成立"，登记管理机关不予批准设立新的社会团体，这就是"一业一会"的规定。2016年2月6日，最新修订的《社团登记管理条例》中，此条款仍然予以保留，这在政策和操作层面上不利于行业协会直接登记制度的推进和落实，仍存在进一步突破和改革的空间。近几年来，尽管广东、广西及部分地区，如温州等地，已经开始了行业协会"一业多会"的探索和尝试，但是，纵观全国性行业协会和地方行业协会的登记规定，同一行政区内同一行业设立一家行业协会，是实践中较为普遍的做法。这种抑制竞争的制度设计，一方面增进了行业协会行业垄断的基础和地位，不利于激发行业协会提升服务赢得社会尊重的动力；另一方面也促使行业协会产生了较强的行政依赖，与行业协会脱钩改革的大趋势不相符合。由于取消了分会的设立

[①]　中国工业经济联合会.中国行业协会发展报告（2014）[M].北京：社会科学文献出版社，2015：160.

审批限制，社会中众多的新生行业协会大多以分会等形式设立，并以总会的名义开展活动，也足以反映出行业协会活动的社会需求之大。

同时，政府在行业协会的设立登记审查中，登记部门的自由裁量空间较大，处于维稳、产业发展规划等诸多因素考量，对于市场驱动的新生行业组织设立需求而言，隐性的藩篱较多，行业协会设立通道还存在一定障碍。传统的行业协会缺乏竞争活力，不能及时、充分地吸纳行业发展中的新生资源，行业代表性不足，行业地位和行业影响力面临着严重的挑战。尽管我国的行业协会获得了较快的发展，但是我国行业协会在数量上和行业治理水平上还有很大的发展空间。我国社会组织的万人拥有量不到 3 个，社会组织支出占 GDP 的比重为 0.55%，数量和规模上仍需向国际发达水平进一步靠近；我国社会组织吸纳就业人员仅占适合就业总人口的 0.80%，社会资源整合能力也有很大的空间。①

另外，落实直接登记制度中同样有一些细节问题需要制度化，如开办资金的多少、会员数量的多少、哪些业务需要行业主管部门的前置审批、是否允许"一址多社"、是否允许跨区域吸收会员开展活动。这些问题没有得到很好的研究，各地政府就会选择性地执行直接登记制度，有些地方政府富有改革精神可能会放宽要求进行直接登记，有些地方政府富有风险意识可能会严格按照目前的登记条例要求进行直接登记。

二、职能定位有待进一步厘清，亟须扫除政会分开的各种障碍

由于历史原因，官办行业协会有着惯性思维，民办行业协会运营有着路径依赖倾向，造成行业协会与政府有着千丝万缕的联系。我国的行业协会中官办或半官办行业协会数量众多，行政介入和干预较深，往往代为行使政府部门的部分行业管理职能。体制内生成型行业协会，先天具有职能"继承"和"依靠"的秉性；体制外生成的行业协会，因其自主性、独立性和法律地位上受制于主管单位，为获得更多的政府资源和支持，也往往成为主管部门的附庸。

政会分开，是这轮行业协会改革的重头戏，也是新时代行业协会治理变革的方向。行业协会合理的职能范围和定位仍然是一个亟待探索的领域，是破解此次

---

① 崔明华.当前我国社会组织发展存在的问题与对策 [J].中国社会发展战略，2013（3）：25-28.

"脱钩"改革必须要直面的问题。

逐步转变政府观念，树立现代治理理念，推动国家治理能力现代化需要持续不断的努力。从目前某些地方先行先试的试点经验来看，有些地方政府的仍有管控思维，希望向协会转移部分行业管理职能，并且通过协会能使自身权力得到延伸。积极引导地方政府树立对行业协会中介性质的认识，推动与行业协会"分家""放权"，是地方政府在此次改革中的正确方向和积极态度。①

另外，行业协会依法履行的职能欠明晰，脱离主管单位后的协会运转，担心社会地位缺乏保障，也尽力通过多种手段，谋得与政府难舍难分的联系和瓜葛。

三、行业协会自治能力有待进一步增强，脱钩运行需要更强的综合实力

长期以来，我国行业协会尽管名义上是独立的法人，但独立性和自主性较弱，从事行业管理职能多，服务行业治理能力不强。不少行业协会在一些专业领域，如制定技术标准、进行产品认证、行业自律与准入、参与国际标准制定、解决国际诉讼、参与政府决策等方面，处于工作"缺位"的状况。而有些行业协会，甚至出现了剑走偏门的情况，造成了职能扭曲的现象，如有的行业协会"背靠大树"，依托主管单位的影响力向会员企业摊派会费、乱评比、乱表彰，给行业协会自身也造成了恶劣的影响。

自身能力建设不足，运营问题较多，甚至出现消亡风险。不少行业协会存在先天不足的情况，有的行业协会经费上靠拨款、人员多是兼职或退休人员，业务主管单位或是一管到底或是放任，行业协会自身的运营能力非常之弱。现在即将完全脱钩，行业协会直接面对企业与社会，"自我造血"功能不足等问题更加凸显出来。资金来源渠道少、会费收入低、企业赞助不稳定、运行经费短缺，收难抵支；内部治理结构不完善，组织机构、民主选举及代表大会、理事会机制不健全；行业协会人才匮乏，身兼领导职务的人员逐步剥离，离退休人员占比较大，年龄结构、学历结构失衡，缺少业务骨干人员；工作人员社会保障不配套，改革后行业协会专职工作人员在户口、档案管理、职称、工资福利及流动方面都面临

---

① 崔艳丽. 论我国行业协会发展中的问题与对策 [D]. 长春：吉林大学，2005：24.

着系列困难。

四、监管力量有待进一步夯实，治理手段亟须多样化

全面推进脱钩改革、直接登记形势下的行业协会治理，监管力量和机制需要做好充分准备，以应对治理上可能出现的各种问题。行业协会改革的重心主要在于去行政化，在机构、职能、资产、人员、党建、外事等方面与行政机关相分离。脱钩后业务主管单位不复存在，其登记变更、年检、业务活动、经费筹措、领导人选举等事务再无主管单位背书，民政部门的审核、监管业务工作量大增、任务加重，现有力量和监管手段的不足，非常容易出现管理"真空"。行业协会内部治理结构、基本管理制度以及协会违规处理、综合评估、年检、退出等监管工作，都将由民政部门承担；财务税收、免税资格、公共项目财务审计、非市场行为等将成为行业协会监管的重点和难点，公安、财政、市场监督、税务部门亟须出台各项细则，做好这类监管的准备。民政部门作为行业协会的注册登记部门，如何构建与其他相关部门的联合监管机制，也需要尽快破解和完善；现行法律法规对于这部分衔接空间还未作出明确的规定或约束，对行业协会的业务活动、内部治理、运作制度等也缺乏详细规定，政策和执行层面更缺乏针对行业协会违法行为的具体处罚手段和程序。

行业协会行业治理作用的发挥，有赖于自身能力，也有赖于政府监管和引导，要通过多样化的监管手段和机制，保障行业协会良性参与社会治理，避免出现"行业协会"失灵。在中国，无论是企业界人士，还是中央和地方政府，对行业协会的发展和职能发挥，期望较高。但转型期中国的行业协会在实际运作过程中并没有达到理想的状态。从近几年媒体报道的情况来看，行业协会负面消息时有出现，行业协会的发展不容乐观。行业协会在深化改革中，承担着政府移交的部分职能，还通过委托、转移、购买服务等方式管理一些公共事务。刚刚获得社会治理主体地位的行业协会，极易因监管不足而出现问题。有的行业协会依托于一两家大的垄断企业，在行业重大事项的决策上，很容易偏离会员利益，成为大企业谋取私利的机构，这也是行业协会失灵的典型表现。在监管主体上，除了政府部门作为主要的监管部门，也应鼓励社会公众积极参与进来，加强对行业协会监管上的协作。在对行业协会的监管方式、方法上，除了政府的规范性监管，还

应充分发挥媒介、网络以及公共举报等方面的监督，不断探索新的监管方式和方法。通过策略性的监管，做到放管结合，避免进入"一管就死、不管就乱"的恶性循环，实现培育与监管之间的平衡。

五、政会互动机制有待进一步畅通，促进行业协会高层次职能发挥

所谓政会互动，就是以实现善治为目标，以政府善政为基础，以行业协会依法民主自治为依托，政府与行业协会对社会公共事务合作管理的一种社会治理模式。在这个模式中，政府与行业协会都是具有独立主体的地位，关系上自主平等；两者都依靠法律制度来规范和调节；行业协会反映会员利益、行业利益，诉诸政府，参与行业公共政策制定和社会事务治理；政府通过行业协会的行业资源，协调行业中的社会关系，实现对社会的良性共治。

目前我国的政会互动，首先是需要健全法律依据，完善制度保障。行业协会作为社会治理的主体，尚未有细致的法律规范，各个层面对《行业协会法》的呼声和期望很高。不少行业协会在从事中介社会服务中，一些制度性保障还不够完善。其次，政会合作的方式及途径，都在探索之中，尚未形成完整的制度设计和规范。最后，政会互动的基础是行业协会独立自主运营，这也正是脱钩改革的方向和目标，以促进行业协会能够很好履行职能、充满活力，也需要政府的培育、扶持和引导。

推动行业协会参与社会公共事务的高层次职能发挥，是新时代社会组织参与共建共治共享的社会治理格局的应有之义。在讨论行业协会的职能划分当中，通常依照服务对象将具体职能归为"服务企业""服务行业""服务政府"和"服务社会"等大类。服务政府和社会属于较高层次的职能，我国行业协会在当前的改革进程中，独善其身都需要走过很长一段路程，发挥社会公共职能的要求更高。我国行业协会的行业组织能力、专业能力不足，参与公共事务的途径如政府购买服务等也在探索之中，整合行业力量、发挥国际影响力、参与公共政策制定等功能还较少，服务政府、社会的领域还需要大力拓展。

第三节 新时代我国行业协会发展的新机遇

党的十九大为行业发展和行业组织建设提供了新的时代条件。行业协会自觉融入大格局，积极塑造新自我，围绕建设现代化经济体系、完善市场化经济体制的大局，围绕打造共建、共治、共享社会治理格局的大局，找到与本行业的发展联系，建立与本产业、本组织与现代化事业整体发展的关系，主动把握历史契机和时代机遇，做出新的贡献。

一、善于用系统联系的眼光 发现行业发展新契机

行业协会是行业自律性服务组织，在社会主义市场经济运行发展中发挥服务、协调、引领、推动等不可替代的重要作用，其生命机体和价值依托正是来自于行业发展和协会服务两个基本方面。学习贯彻党的十九大精神，最终要转化为推动行业发展新要求、协会建设新促进这一新的生动伟大实践。要以党的十九大精神为指引，努力推动新时代条件下的行业集群发展，善于用系统联系的眼光发现新时代行业发展新契机，把握新机遇。

深刻认识和把握行业发展新的时代条件，明确行业协会工作新任务，这就是新时代社会主要矛盾的转化与应对。在巨大的发展成就面前，我国经济大而不强的总体特征依然显现，既反映在经济总况中，更体现在具体行业内。产业发展必须围绕结构合理、目标精准、全面和谐，在高速度转化为高质量、高产能必须实现高品质的系统提升上下功夫。这正是推动新时代产业发展的总体依据，也是行业协会明确新任务、开展新服务、推动新发展的现实工作着眼点。

积极融入并建立重要制度性建设。立足发展实体经济，提高全要素生产率，善于发挥科技创新、现代金融、人力资源发展的系统协同作用。在构建市场机制有效、微观主体有活力、宏观调控有度的体制格局中，发挥行业自主、集中行业智慧、争取政策支持，在构建现代化政策体系、完善市场化体制协同作用中，做优产业、做强行业。以精准有效和高质量可持续为目标，推动各层级政策制度的供给、产品服务的供给、标准规范的供给、科技保障的供给，推进"三品"行动，不断提高需求侧管理水平。实施先进文化引领，以精准有效供给满足刚性需求，

以创新引领开发潜在需求，引领事业发展。

二、行业协会要在新时代有新气象、新作为

认真把握推动行业新发展的重要实践课题，着眼于平衡性和高质量、高效率、可持续，把握好构建现代化经济体系、完善市场化经济体制的发展要求，系统做好当前工作。要深刻理解、切实把握党的十九大对行业协会自身建设和发展带来的新促进。新时代要有新气象、新作为，要求人们干事创业的主观能动性更强、作为更大、精神面貌更加激扬，做到行行都要有贡献，人人都要能出彩。

中华民族历经革命站起来到改革开放富起来，再到新时代真正强起来，是一个不可扼制的刚劲走向。强起来正是行业协会在新的时代条件下，进一步加强自身建设，实现组织强、作用强的重要精神引领。要进一步坚定中国特色行业组织道路自信，坚持走社会主义市场化改革发展道路，要义无反顾体现中国特色，就是要坚持加强党的领导与行业协会依法自治相统一，坚持做服务与讲政治相统一，坚持维护社会主义基本经济制度、实现企业发展与共同进步相统一。坚持尊重市场规律与履行社会责任，服从服务国家宏观调控相统一，坚持利用好国际与国内两个市场，大陆与香港、澳门、台湾共同发展相统一。

要正确把握协会发展的社会价值定位，突出新时代任务使命和更高发展要求。积极适应政府综合监管体制、非营利组织政策支持体制、政社合作体制、协会自身治理体制、规范运行管理体制，在这一现代社会体制管理运行中把握定位，进一步体现价值自信，并发挥突出作用。

要切实加强党的领导，为协会建设发展发挥作用，提供更加有力的政治保障。要积极改革治理和服务方式，加快推进协会自身的市场化转型，提升综合服务能力。通过脱钩和市场化改革、服务供给改革、决策关键机制改革，进一步完善协会法人治理，加快向行业组织功能转变，实现决策机制与服务转型，达到面貌更加清晰、机制更有活力、作用更为广泛、发展更可持续，成为精准满足行业需求、真正独立和高质量履行社会职能、自治管理、自律有为、自律发展的现代社会团体法人。

第四章

我国行业协会地方治理模式创新的
案例与问卷调研分析

试点后全面铺开，是我国不少公共政策常用的实施方法之一。关于行业协会试点，早在1997年就印发了《关于选择若干城市进行行业协会试点的方案》，并于1999年又印发《关于加快培育和发展工商领域协会的若干意见》（试行）。我国部分地区如上海、广州和民间行业协会最为活跃的温州，在探索行业协会改革方面先试先行，为当前我国新一轮的脱钩改革积累了经验。本部分基于对温州、深圳、上海等先试先行地区的分析，寻找影响行业协会发展的政府治理因素，如准入制度、业务监管、职能承接授权、政府购买、信息公开、退出制度等，并考察这些制度因素对行业协会发展水平的影响。

第一节　行业协会地方治理创新的案例分析

一、广东行业协会的发展及管理模式

（一）广东行业协会发展概况

广东作为我国改革开放的先行区，伴随着社会主义市场经济的发展，行业协会蓬勃兴起。截至2015年，全省登记注册的行业协会共2975个，占社会团体总数的15.2%。按类型分，行业性协会2162个，异地商会414个，其他商会399个。按层级分，省本级419个，地市级1571个，县区级985个，分别占总数的14.1%、52.8%、33.1%。按区域分，珠三角、粤东、粤西、粤北地区所占比例分别为 74.4%、7.3%、7.6%、10.7%。广东行业协会会员已涵盖全省 48.89 万家经济组织,其中理事单位 10.06 万家、监事单位 5077 家;共吸纳从业人员 16161 名,其中专职人员 8934 名。[①]

广东行业协会已基本形成了覆盖国民经济各个门类的行业协会体系。从行业分类看,工商经济类所占比例最高,占总数的 55.3%,其次为农林水类、建筑类、服务类、交通类、科技信息类,分别占 13.4%、6.3%、4%、2.7% 和 1.8%,其他类的行业协会占 16.5%。

与经济社会发展相呼应,广东行业协会发展呈现三大特色。一是市场化程度高。早在 2008 年,广东行业协会就已完成与行政机关的脱钩工作,在发起设立、经费筹措、工作人员上实现了自主,级别、编制、主管部门都已取消。二是规模大、实力强。2013 年,全省行业协会资产总额合计约为 22.23 亿元,净资产总额 18.11 亿元,年收入合计 18.21 亿元,年支出合计 16.74 亿元。省本级行业协会平均拥有单位会员 244 个、总资产 263.5 万元、净资产 155.9 万元、年收入 196.8 万元、年支出 161.5 万元。三是异地商会发展快。自 2009 年适度放宽异地商会登记以来,全省已登记成立异地商会 414 个,成为增长最快的社会组织。[②]

(二)行业协会管理模式及特色

第一,出台法规,健全行业协会改革发展的法律体系突出法规政策的制定和完善,确保改革发展工作有法可依,具体行为有章可循。2005 年,广东出台了《广东省行业协会条例》,在全国范围内率先在地方法规层面上改革行业协会的法律关系。后来又陆续颁布了《关于发挥行业协会商会作用的决定》《关于进一步培育和发展行业协会商会的实施意见》《关于异地商会登记的管理办法》等政策文件,明确行业协会的改革目标和具体工作措施。各市也发布了一系列法规政策文件,如深圳市发布了《深圳经济特区行业协会条例》,广州市和东莞市也相继颁布促进行业协会发展的实施意见。2019 年 6 月,广东省民政厅下发《广东省民政厅关于进一步规范行业协会商会涉企收费行为的通知》(粤民函〔2019〕1218 号),贯彻中央政策,规范广东行业协会收费行为。

---

① 景朝阳,李勇.中国行业协会商会发展报告(2014)[M].北京:社会科学文献出版社,2015:210.
② 谢燕妹.广东行业协会发展 25 年 [EB/OL].(2019-08-15)[2013-10-18].http://www.gdmz.gov.cn/mzyj/llyj/201310/t20131018_34634.htm.

第二，完善体制，建立直接登记的行业协会登记制度，促进行业协会市场化。

一是改革管理体制，取消行业协会业务主管单位。原主管单位可以提供业务指导，实现政府管理方式由控制型向培育服务型转变。早在 2004 年，深圳市就成立了行业协会服务署，探索"新二元"模式，向行业协会民间化不断迈进，创造条件向"一元"管理体制过渡。

二是实行直接登记，开启"一元"模式先河，登记管理机构升级扩编。行业协会发起人直接向登记管理机关申请注册登记，取消设立、变更、注销的前置许可；将登记环节简化为名称核准和登记核准，避免发起人在筹备过程中可能造成的人力、物力和时间浪费；将异地商会的登记范围扩大至外省的县（市、区），登记管理权限下延至县级民政部门。广东省政府根据"事权责一致"原则，对民间组织登记管理机关升级扩编，在民政厅下设了副厅级的民间组织管理局。①

三是推进政社分开。全省 1547 名现职国家机关工作人员退出行业协会。行业协会全部实行会员大会无记名投票，甚至以海选或竞选方式选举负责人、理事、监事，机构、人事、资产、财务一律与行政机关分开，提前完成党的十八届三中全会关于"限期实现行业协会商会与行政机关真正脱钩"的目标。

第三，优化环境，建立行业协会培育发展的支持体系突出政府职能转变，推进行业协会去垄断化、去单一化，激发行业协会活力。

一是允许"一业多会"。2006 年，广东率先在全国打破"一地一业一会"的设立原则，引入行业协会竞争机制，允许按照行业中小分类标准或各个产业链的环节或具体服务类型设立，允许跨区域组建、合并或分拆组建。

二是建立扶持资金和培育基地。2012 年起，广东省财政厅、民政厅对于成三年以内的行业协会经第三方评审，资助 307 个行业协会，扶持资金达到 7210 万元。广州、深圳、佛山、东莞、肇庆、顺德等市区均建立财政经费扶持行业协会发展制度。省民政厅和广州、深圳、清远等市启动公益创投或福利彩票公益金资助项目。深圳市投资上亿元着力打造"深圳市社会组织孵化基地"、行业协会综合服务平台和信息交流平台。②

三是加快职能转移和政府购买服务。广东省先后出台了《省级政府向社会组

---

①　易继明. 论行业协会市场化改革 [J]. 法学家，2014：33-48.

②　特稿. 行业协会的组织与制度理论初探 [J]. 中国政府采购，2011（5）：14-16.

织购买服务目录》《广东省具备承接政府职能转移和购买服务资质的全省性社会组织目录》等文件，明确界定政府职能转移和购买服务的具体实施办法，促进政府购买的公开、透明和程序规范化。

四是拓宽参政议政渠道。2011 年，惠州市博罗县在全国率先将社会组织列入当地政协界别。各级党代表、人大代表、政协委员均适度增加行业协会代表人士比例。省十届青联委员会也首次增设"社会组织"界别，列入界别的 48 名青联委员中，行业协会代表占了总数的 25%。

第四，创新服务，完善行业协会规范管理的监管体系，突出宽进严管，促进行业协会健康有序发展。

一是强化行业自律，推进信息公开。省民政厅制定行业协会自律工作实施意见，要求行业协会建立健全规范运作、诚信执业、信息公开、公平竞争、奖励惩戒和自律保障"六个机制"。制定《广东省社会组织行业自律体系建设（2012～2016 年）实施方案》；二是加强党建工作，推进健康发展积极探索党对行业协会领导的新途径。2009 年 3 月，全国首家社会组织党工委在广东挂牌成立，直接领导和指导全省行业协会的党建工作，并建立经费保障制度，全省建立了行业协会等社会组织党组织近 7000 个，党的工作覆盖率日益提升；三是改进监管方式。建成广东社会组织公共服务信息平台，实现全省行业协会的联网统一、跨部门信息共享和动态监管。在全国率先建立行业协会信息平台、年度报告、等级评估和"异常名录"的信用监管制度，增加对行业协会吊销登记证书的行政处罚。

广东的行业协会改革发展工作，得到了党委政府的高度重视和社会各界的极大关注。2012 年 10 月，中共中央政治局委员、时任广东省委书记汪洋同志，专程到行业协会进行调研。2013 年 7 月，国务委员王勇实地考察深圳市家具行业协会等社会组织。在实践上，广东行业协会管理体制的突破性改革、特别是其建立的直接登记制度，引领着全国社会组织的改革发展方向。在学术上，广东行业协会管理改革模式早已成为学者们研究行业协会、社会组织管理体制改革发展的重要案例。①

---

① 朝阳，李勇．中国行业协会商会发展报告（2014）[M]．北京：社会科学文献出版社，2015：218．

二、上海行业协会的发展及管理模式

（一）上海行业协会发展概况

2002 年，上海为了适应"入世"、规范市场经济秩序以及转变政府职能的需要，在国内率先启动行业协会改革发展。2010 年 7 月 30 日，上海市出台的《上海市促进行业协会发展规定》，围绕行业协会发展的一系列重要问题做出了新的规定。仅 2013 年内，上海行业协会新增 10 家。在市委、市政府的高度重视下，上海行业协会在数量上得到了快速增长，从 132 家发展到目前的 255 家（含浦东新区 22 家）。

目前，上海初步形成门类齐全、覆盖广泛的行业协会体系。行业协会拥有会员单位 7.45 万家，涵盖了国有和私营、大中小企业、有限公司和股份制企业等不同组织形式的企业，行业影响力较大的公司基本上都加入了相应的行业协会。从代表性看，上海行业协会平均拥有会员为 312 个；从经济实力看，上海行业协会平均年度净资产为 197.5 万元。不管从综合水平，还是规范化程度，上海的行业协会在全国来看，各方面均居于前列。①

（二）行业协会管理特色与改革经验

第一，探索试行一业多会。上海自 2002 年开始以细化行业协会的分类标准为突破口，探索了行业协会的"一业多会"，在传统领域和新兴行业引入竞争机制，不仅促进了产业结构的调整，而且带动了新兴行业快速发展。例如，在汽车领域中，上海细分产业链环节，在已有上海市汽车行业协会（1996 年）的情况下，相继成立了上海市汽车销售、汽车维修、汽车服务行业协会等。这些行业协会之间相互联系，彼此协作，运作良好。与此同时，随着上海经济的快速发展，《国民经济行业分类》没有覆盖的新兴行业层出不穷，如动漫、物流、家政也相继成立了行业协会。2015 年以来，新成立的行业协会领域较新，如电影发行、跨境电商、机器人行业协会等。

第二，加快行业协会政策法规建设。《上海市促进行业协会发展规定》早在

---

① 上海市社会团体管理局.上海市行业协会商会发展报告（2014）[EB/OL].（2019-08-15）[2014-10-18]. 中国与世界经济社会发展数据库. http://www.pishu.com.cn/skwx_ps/initDatabaseDetail?siteId=14&contentId=3877875&contentType=literature.

2002 年就开始颁布推行，2010 年市人大常委会对其进行修订，对推进上海行业协会的改革发展和规范建设提供了法律依据和制度基础。2008 年 4 月，市政府下发《关于上海市进一步支持行业协会商会加快改革和发展的实施意见》。2009 年 11 月，上海市召开第一次社会建设大会，市委领导对正确认识社会组织的作用和和积极扶持社会组织发展等向各级党委和政府提出了要求。2011 年 10 月，市民政局启动行业协会能力建设研究，加强制度设计。2016 年 6 月，印发《上海市行业协会商会负责人任职管理办法（试行）》（沪民社团〔2016〕1 号）。

第三，政策聚焦，优化发展环境。政府购买服务的经费被列入政府部门的年度预算，作为一种常态化机制运行。政府将所属的用于社会性服务的部分设施交给行业协会管理，由行业协会为成员提供各种服务。政府将一部分投入社会管理和公共事务的资金，委托行业协会操作和管理。积极推动区域性行业协会的组建和行业组织的跨区域联合发展，对入驻上海的全国性行业协会及其分支（代表）机构，给予政策方面优惠；推动形成行业协会集聚区。

第四，强化治理，规范协会行为。进一步健全行业协会法人治理，确保行业协会内部实现权利与义务的平衡；健全公推直选、自主办会、自我管理的组织构架，建立健全包括协会负责人民主选举制度、财务管理制度、监督评估制度、协商议事制度等在内的各项配套制度，探索行业协会监事会设置。积极推动行业协会应对行业重要事务的回应机制，以及财务公开的渠道建设，使行业协会逐步做到会务透明和公开。建立行业协会退出和再生机制。

第五，规范行业协会民主治理。市社团管理局研究制定了《关于推动行业协会扩大直接选举范围的方案》和《关于行业协会扩大直接选举范围的试点办法》。2013 年，市社团管理局选择内部治理较好、领导班子团结的上海电线电缆行业协会、上海石油产品贸易行业协会（两家到期换届的行业协会）和基础条件较好的上海市直邮行业协会（一家新成立的行业协会）作为试点单位。三家试点单位均将直接选举的内容写入协会章程，采取无记名、等额选举的方式，会员单位"一人一票"直接选举会长、副会长、理事和秘书长，整个选举过程规范、公开、透明。市社团管理局将根据三家行业协会扩大直接选举范围的试点情况，在总结经验的基础上，修改、完善行业协会直接选举办法和选举规程，并有针对性地开展差额选举的试点，将直接选举工作形成制度，逐步推广到全市行业协会中。①

---

① 朝阳，李勇. 中国行业协会商会发展报告（2014）[M]. 北京：社会科学文献出版社，2015：154.

第六，集聚人才，建设人才高地建立健全行业协会人才开发机制，促进优秀人才的大量集聚和脱颖而出，建立来源多样化的高素质职业化人才储备库；联系高校和高职院校，设立相关行业协会相关专业，采取定向培养等方式，增强人才培育；以《行业协会专职工作者专业技术水平认证》立项为契机，制定相关评价制度，加强任职和后续教育培训，逐步经考核后持证上岗；建立符合行业协会特点的绩效评估体系，制定与之相配套的社会保障和薪酬、待遇、晋升等制度。

三、温州行业协会的发展及脱钩改革

（一）温州行业协会发展概况

温州地处沿海，民营经济发达，行业协会发展迅速。改革开放以来，富有创业精神的温州人在全国率先办起了家庭工业，正是民营经济的自我保护和发展的需要，温州的民间行业协会和民营经济一样自小到大逐步发展起来，沿着民间自治的道路不断前进，成为温州模式的一道亮丽风景线，为温州经济和社会的发展做出独特的贡献。据统计，截至 2014 年，温州市依法登记的行业协会近 600 家，市级行业协会 160 家。

温州行业协会的发展形成了一些突出的特征，一是民间性，是温州行业协会最突出的特点，也是其活力的源泉；二是服务性，以服务会员、社会、政府为宗旨；三是专业性，工作针对性强，协会兴促行业兴。

（二）温州行业协会的脱钩改革

2007 年 4 月 30 日，《温州市人民政府办公室转发市发改委等关于温州市行业协会与行政机关脱钩实施意见的通知》（温政办〔2007〕53 号）正式下发，开启了温州行业协会与行政机关脱钩的大幕。温州市成立了脱钩领导小组，要求行业协会与行政机构实现人员、机构、财务方面进行脱钩。经过一年多的努力，温州行业协会实现了人员与行政机关完全脱离，45 家行业协会实现了机构脱钩，脱钩工作取得了巨大成绩。2017 年 12 月，温州出台了《温州市行业协会商会综合监管办法（试行）》，对行业协会商会的监管体制进行了更加深入的改革。

脱钩后温州行业协会发生了很大的变化，也面临着比较大的挑战。一是行业协会的资源获取途径改变，政府的依托没有了，运营经费和专职人员非常匮乏；

二是脱钩改革后少数行业精英主导行业协会的治理结构并没有改变，治理结构亟须向市场化、公开化、透明化、科学化转变；三是脱钩后部分行业协会助推行业垄断，谋利化行为严重，运营思路和方向出现了异化，对行业来说甚至产生了一定的危害。

温州市政府积极调整各项政策，应对行业协会脱钩带来的风险，促使行业协会逐步走向正规，引导行业协会健康发展。

第一，推行"一业多会"，鼓励行业协会良性竞争。出台行业协会培育发展的实施意见，明确行业协会可以依据国民经济行业分类当中的小类设立新的行业协会，也可以按照服务对象、经营环节设立。这样一来，在以往的传统行业，出现了多个行业协会，行业协会的数量出现了快速增长，在同一行业之间、关联的行业之间，行业协会的有序竞争结构初步形成。有着民营经济和市场基础的温州行业协会，开始进入了一个多元竞争的时代。

第二，行业协会管理体制的变革。2011年，温州市颁布了《温州市社会组织分类归口管理暂行办法》（委办发〔2011〕173号），明确了工商类行业协会的主管单位由温州市工商联统一归口管理；截至2013年，行业协会登记工作迈出了更大的一步，直接取消行业协会业务主管单位，改为业务指导单位，普遍实施直接登记制度。

第三，形成综合监管机制。行业协会与政府脱钩后，行业协会的行为异化引起了温州市政府的高度重视，构筑了"3+N"的综合监管体制。"3"是指负责登记管理和运营规范的民政部门、行业业务指导的业务主管部门、负责协会治理党建的工商联；"N"是指财政、税收、金融、审计等诸多涉及行业协会运营事务的具体监管部门，在各自的领域内各负其责，共同推动行业协会在合法合规的环境下正常发展。

第四，重视职能转移，强化政府购买，推进政会互动。脱钩后的职能转移是行业协会能否健康发展的关键。温州市政府出台了政府向社会组织职能转移的工作方案，通过在鞋革协会、服装、建材协会的试点，进而发布了第一批职能转移目录、政府购买服务的指导目录，以及政府购买和职能转移方面的两个暂行办法。从而在制度上保障了通过政府购买，积极实施职能转移至行业协会，推动政会合作的体制。

第五，脱钩改革讲求策略，稳步有序推进。脱钩策略上，遵循先试点、再扩大范围，后全面推广，绝不一刀切；从层级上而言，先从市级行业协会开始，再逐步过渡到县区层面，避免出现较大的改革风险和不可挽回的损失；配套改革上，讲求政府职能转移在前，提升行业协会能力在后的做法，减少行政内部阻力，简政放权，让行业协会有大的空间去发挥。①

第二节　行业协会治理与发展的问卷调查

一、调查目的与基本设计

在我国行业协会的改革发展进程中，政府的制度供给始终是行业协会发展和作用发挥中最具推动力的因素。制度环境已经成为衡量一个地区的社会组织（包括行业协会）能否持续健康发展的一个重要指标。国内行业协会发展水平较高的广东、上海、温州、深圳等地区的改革经验表明，按照市场化改革的方向，不断放开准入制度门槛、加快职能转移、提供配套政策扶持、设计科学全面的监管体系、提供法治保障及鼓励公共参与等举措，有利于行业协会的健康快速发展，有利于行业协会发挥应用作用和功能，有利于实现政会关系的改善和政会合作共治。

为了深入了解和评估我国行业协会发展与政府政策及制度供给的关系，笔者专门成立了研究小组，组织了一次较大范围的专项调研活动，采用李克特量表（Likert scale），以标准化的调查问卷进行专家访谈调研。收集问卷后进行统计整理，对影响行业协会发展水平的制度因素进行客观的实证分析，综合评价行业协会发展的制度影响。

本项调研总的调查方法是专家调查法，具体调查形式主要是问卷调查（包括现场发放、电子邮件）、访谈（包括面谈、电话访谈）。

调研对象为民政部门、行业协会业务主管部门、工商联合会、行业协会、部分会员企业的负责人、中层管理者或专业人士，这些专家在选择上要求有丰富的行业协会相关工作经历，对行业协会发展、地方政府行业协会治理政策及制度有

---

① 沈永东，宋晓清. 新一轮行业协会商会与行政机关脱钩改革的风险及其防范 [J]. 中共浙江省委党校学报，2016（3）：29-37.

深刻的认识和独到见解。来自不同单位类型的专家比例分布为：民政部门20%、行业协会主管部门10%、工商联10%、行业协会40%、会员企业20%。

调研地区为北京、上海、广东、温州、广西，通过设计《行业协会治理和发展调查问卷》，发放问卷200份（全国性行业协会发放50份，北京、广东、上海、温州、广西各发放30份），访谈80人次。

二、调研内容与数据变量说明

（一）调研内容

该调查采用统一的专家调查问卷，一共由三大部分、28个问题的标准问卷组成。第一部分是基本情况的调研，这些问题覆盖了行业协会的产生方式、领导人产生方式、协会经费来源、协会办公场所性质、工作人员年龄及专兼职情况，主要了解被调研行业协会的基本状况，包含五个单选小题。

第二部分是协会治理情况，主要涵盖四个大类的内容，每个内容由五个具体问题来描述。第一类是关于行业协会发展水平，包括协会组织机构运营情况、会员密度情况、影响力知名度情况、行业服务能力、公共服务能力；第二类是关于政府对行业协会的扶持政策，准入登记制度是否宽松、政府职能转移是否到位、人力培训等配套扶持政策是否完善、协会经费收入和税收是否有优惠、政府购买制度是否完善；第三类是关于政府监管制度措施，各部门的监管是否公开透明、业务监管能否做到事前、事中、事后全程监管、信息公开制度是否落实、是否进行定期绩效评估、注销退出程序是否明确规范；第四类是关于特色治理，主要是关于行业协会立法、党建、行业治理、公共参与途径是否畅通广泛。

这部分采用李克特量表的7级量表，每个问题都是肯定式陈述，专家根据自己对每个问题认同程度给出自己的心里分数。专家认为该命题在本地很不符合的，给1分；专家认为该命题在本地基本不符合的，给2分；专家认为该命题在本地有些不符合的，给3分；专家认为该命题很难说的，给4分；专家认为该命题在本地有些符合的，给5分；专家认为该命题在本地基本符合的，给6分；专家认为该命题在本地非常符合的，给7分。分值越高选项表明肯定程度越高，行业协会相关的制度和水平也就越好。4分以上为肯定评价，对该方面的状况或水平予以肯定态度；4分为中性，对该方面的状况或水平态度既不肯定也不否定；3

分以下为否定评价，对该方面的状况或水平给予否定态度。

第三部分是多项选择问题，由调查对象分别选出自己认为目前在该地区限制行业协会发展和治理的最为主要的三个因素，以及如何改善该地区行业协会发展的政策建议。

（二）数据收集与变量说明

本研究的问卷调查从 2018 年 8 月份开始，到 2018 年 12 月份结束，共收回问卷 135 份，其中实际有效问卷 123 份。

采用 IBM SPSS Statistics 22.0 版本统计软件，对 123 份有效问卷的原始数据进行手工录入。28 个问题作为 28 个变量输入。其中，1～5 题设置变量指标为字符型，变量名设为 $Q_1 \sim Q_5$；6～25 项设置变量指标为数值型（小数位为 0），将定序变量视为定量变量进行后续分析处理，变量名设为 $Q_6 \sim Q_{25}$；26～28 项为多选题，故每题的问卷结果采用二分法编码，设置与题项数量一致的变量，便于后续统计分析。

行业协会综合发展水平变量的说明。本研究的主要目的在于分析各项政策或制度因素与行业协会发展水平的相关情况，而其发展水平在问卷中设置了 5 个二级指标来考察和衡量，即内部组织、会员密度、知名度和影响力、行业服务职能履行情况、公共事务参与情况。参考邓国胜在《非营利组织评估》一书中采用的指标体系、国家民间组织管理局出版的《中国民间组织评估》中的指标体系，以及郁建兴团队代表人物张建民的文章《全面深化改革时代行业协会商会职能的新定位》。我们对问卷中的 5 个二级指标的进行修正赋值（见表 4-1），形成"综合发展水平"变量（Q_{29}），作为相关和回归分析中使用的新变量。综合发展水平（Q_{29}）的取值为：$Q_6 \times 20 + Q_7 \times 15 + Q_8 \times 15 + Q_9 \times 30 + Q_{10} \times 20$。

表 4-1　行业协会综合发展水平赋值情况

二级指标	赋值
内部组织机构完善、管理科学、民主议事、运营健康	20
会员企业数占本地本行业企业总数的比例较高	15
在本地区本行业的影响力大，有较高的知名度	15
为会员企业提供行业技术、交流平台、开拓市场、合法维权等服务较多	30
为政府进行行业调研、政策宣传、政策参与、围绕中心工作做出较大贡献	20

第三节 行业协会治理发展的实证分析

一、行业协会发展的描述统计

（一）行业协会的基本情况

第一，行业协会的产生方式。从表 4-2 可以看出，此次调研的行业协会在产生方式上，"基于市场和企业发展需要由民间发起设立的"（B）占 46.3%，"政府主管部门推动产生"（A）的占 33.3%，"其他（混合型）"（C）的占 20.3%。调研的五个地区都是行业协会发展水平较好、市场化程度较高的地区，市场型的生成方式正逐步成为行业协会产生的主要方式。

表 4-2 行业协会主要产生方式

生产方式		频数	百分比（%）	有效百分比（%）	累计百分比（%）
有效值	A	41	33.3	33.3	33.3
	B	57	46.3	46.3	79.7
	C	25	20.3	20.3	100.0
	总计	123	100.0	100.0	

第二，行业协会领导人产生方式、工作人员情况（转换柱形图）。从图 4-1 可以看出，此次调研的行业协会领导人产生方式中，49.6% 的是由会员企业推荐民主选举产生，政府推荐兼任或专人的占 29.3%。此种结构与行业协会的产生方式相呼应，即市场型的行业协会占据了此次调研的主要部分。但是从协会的工作人员情况来看（见图 4-2），形势并不乐观，只有 35.8% 的协会"以中年专职人员为主"，30.1% 的协会"以老年专职人员为主"，中年兼职人员为主、老年专职人员为主、老年兼职人员为主的总比例达到 64.2%。行业协会工作人员的老年化、兼职化程度，即使在这些发达地区也比较严重。

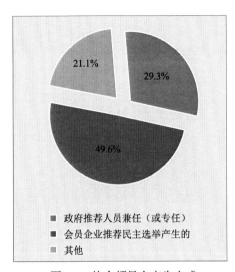

图4-1 协会领导人产生方式

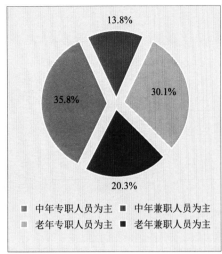

图4-2 工作人员情况

第三，行业协会的经费来源、办公场所。从图4-3可以看出，此次调研的行业协会经费来源差异较大。"政府拨款、委托或购买服务""会员所交会费""提供行业服务所得"的各占26.8%、32.5%、27.6%，其中会员所交会费所占的比例最大，反映了这些行业协会的经费来源并不乐观，结构尚不合理，提供行业服务所得的还不够，自身职能有待进一步发挥。在办公场所上（见图4-4），35.8%的行业协会租赁办公场地，自有办公用地的仅占16.3%，政府部门长期提供和暂时借用办公场地的比例高达47.9%，对政府资源的依赖还比较多。

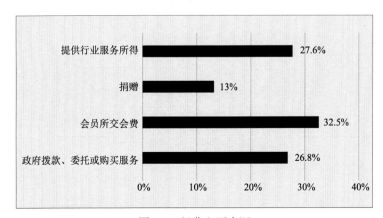

图4-3 经费主要来源

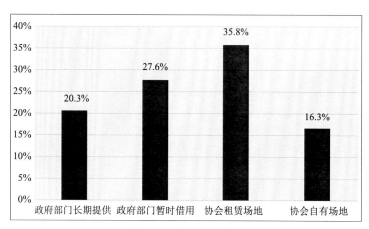

图 4-4　办公场所来源

（二）行业协会发展水平的描述统计分析

此次调查的行业协会发展水平显示（见表 4-3）：在 123 份受调查的协会当中，内部组织运营、会员密度（会员企业数占本地本行业企业总数的比例）、知名度与影响力、行业协会、公共参与 5 个二级指标，整体评价水平都比较高，最大值都是 7（非常符合），平均值分别达到了 5.47、5.13、5.26、5.41、5.37，处于中上等水平；根据离散程度（标准差、最小值、最大值、极差）来看，5 个指标的最小值都是 2，最大值与最小值的范围达到 5，标准差处于 1.1～1.4 的范围，差距仍不少，说明还有不少行业协会的发展水平得到了负面评价。而从加权赋值后的"综合发展水平"指标来看，平均值为 534.34，极差达到 380，标准差为 65.56，说明整体评价良好，也有部分行业协会的综合发展水平并不高，甚至处于评价低于平均数较多的情况。

表 4-3　行业协会发展水平的描述统计

项目	样本量	最小值	最大值	平均值	标准差
内部组织机构完善、管理科学、民主议事、运营健康	123	2	7	5.47	1.314
会员企业数占本地本行业企业总数的比例较高	123	2	7	5.13	1.426
在本地区本行业的影响力大，有较高的知名度	123	2	7	5.26	1.384
为会员企业提供行业技术、交流平台、开拓市场、合法维权等服务较多	123	2	7	5.41	1.173

续表

项目	样本量	最小值	最大值	平均值	标准差
为政府进行行业调研、政策宣传、政策参与、围绕中心工作作出较大贡献	123	2	7	5.37	1.363
综合发展水平	123	275	655	534.43	65.559
有效样本量	123				

（三）行业协会产生方式与发展水平的交叉表分析

将"行业协会产生方式"与"内部组织机构完善、管理科学、民主议事、运营健康"使用交叉表分析，可以得出表4-4。从该表可以看出，政府主管部门推动产生的行业协会中，认为"内部组织完善、管理科学"基本符合的协会有39.0%，有些符合的协会有31.7%，整体认同程度较高，说明政府推动产生的行业协会在内部治理上还是比较完善的。基于市场需要产生的行业协会，认为内部治理水平"基本符合""很符合"的比例高达56.1%，在三种类型当中认同度最高。

表4-4　行业协会产生方式与内部组织、运营治理水平的交叉表分析

项目			内部组织机构完善、管理科学、民主议事、运营健康						总计
			基本不符合	有些不符合	很难说	有些符合	基本符合	很符合	
您所在（地区）的行业协会主要产生方式是	A	计数	3	1	2	13	16	6	41
		您所在（地区）的行业协会主要产生方式是	7.3%	2.4%	4.9%	31.7%	39.0%	14.6%	100.0%
	B	计数	3	3	4	15	16	16	57
		您所在（地区）的行业协会主要产生方式是	5.3%	5.3%	7.0%	26.3%	28.1%	28.1%	100.0%
	C	计数	1	0	3	6	10	5	25
		您所在（地区）的行业协会主要产生方式是	4.0%	0.0%	12.0%	24.0%	40.0%	20.0%	100.0%
总计		计数	7	4	9	34	42	27	123
		您所在（地区）的行业协会主要产生方式是	5.7%	3.3%	7.3%	27.6%	34.1%	22.0%	100.0%

将"行业协会产生方式"与"为会员企业提供行业技术、交流平台、开拓市场、合法维权等服务"使用交叉表分析，可以得出图4-5。从该表可以看出，其他混合型产生的行业协会中，认为给会员企业提供行业服务较多"基本符合"的

协会高达 48%，有些符合的协会有 24%，整体认同程度较高，说明混合型产生的行业协会在行业服务上还是领先的。基于市场产生的协会中，有 36.8% 认为行业服务水平"有些符合"，持肯定态度。

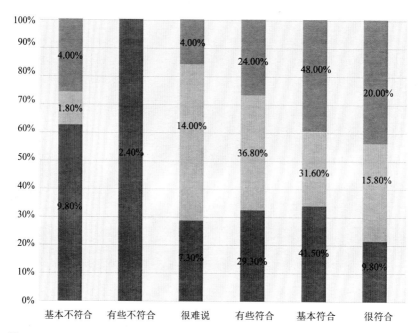

图 4-5　行业协会产生方式与行业服务水平的交叉表分析

将"行业协会产生方式"与"为政府进行行业调研、政策宣传、政策参与、围绕中心工作作出较大贡献"使用交叉表分析，可以得出图 4-6。从该表可以看出，基于市场和企业发展需要由民间发起设立的行业协会中，认为"为政府进行行业调研、政策宣传、政策参与、围绕中心工作做出贡献"基本符合的协会高达 43.9%，19.3% 的协会甚至认为很符合。说明基于市场推动产生的行业协会在政府公共参与和政策参与上的工作更为积极，意愿更强，贡献更大；因本调查属于专家主观评价，也有可能是被调查者夸大协会的公共参与贡献，评价有可能不够客观、真实。

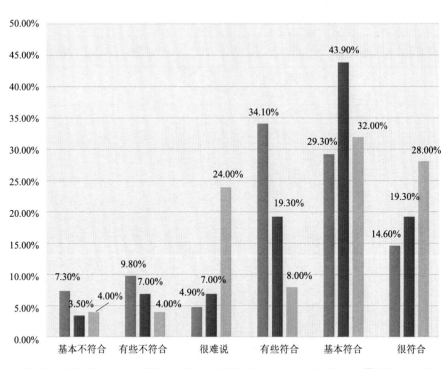

图4-6　行业协会产生方式与公共参与水平的交叉表分析

（四）行业协会水平阻碍或促进因素的描述统计

第一，关于"现行的政府政策或制度中，限制行业协会发展和发挥作用的最主要四个因素"。限定四个选项后，专家们的选择频数从高到低依次是：职能转移不到位（72.36%）、政府购买的范围不够、程序不透明（63.41%）、缺乏法律保障（50.41%）、登记难条件苛刻（43.90%）和政府部门干预较多监管过严（43.09%），其他选择可见表4-5。

表4-5　限制行业协会发展和发挥作用的最主要四个因素（N=123）

现行的政府政策或制度中，限制行业协会发展和发挥作用的最主要四个因素	频数	百分比（%）
A. 缺乏法律保障	62	50.41
B. 一地一会的竞争限制	19	15.45
C. 登记难，条件苛刻	54	43.90
D. 年检等监管程序烦琐	47	38.21

续表

现行的政府政策或制度中，限制行业协会发展和发挥作用的最主要四个因素	频数	百分比（%）
E. 行业协会信用评价制度不健全	26	21.14
F. 政府资金扶持不足，税收优惠落实不够	41	33.33
G. 职能转移不到位	89	72.36
H. 政府购买的范围不够、程序不透明	78	63.41
I. 政府部门干预较多，监管过严	53	43.09
J. 参与公共政策和公共事务治理的途径不够	23	18.70

第二，关于"政府政策或制度方面，促进行业协会发展和发挥作用的最重要四个因素"。限定四个选项后，专家们的选择频数从高到低依次是：年检等监管程序便捷（58.54%）、职能转移到位（55.28%）、自由竞争（48.78%）、法律保障（47.97%），其他选择情况可见图 4-7。

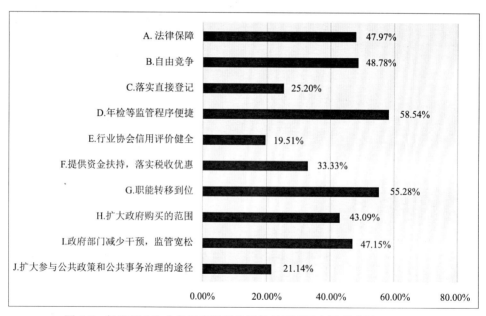

图 4-7　促进行业协会发展和发挥作用的最重要四个因素选择（N=123）

第三，关于"全面深化改革时期，政府的政策或制度方面，最需要采取哪些做法来增进行业协会健康发展"。不限选项数量，专家们的选择频数从高到低依次是：加强行业协会立法（82.11%）、开辟绿色通道、提供年检等监管程序便捷度（77.24%）、扩大政府购买的范围，增强政会合作的空间（71.54%）、完善绩效评估制度和注销退出程序（68.29%）、一业多会、鼓励竞争（58.54%）、建立信息公开制度，定期公开报告（55.28%），其他选择情况可见图4-8。

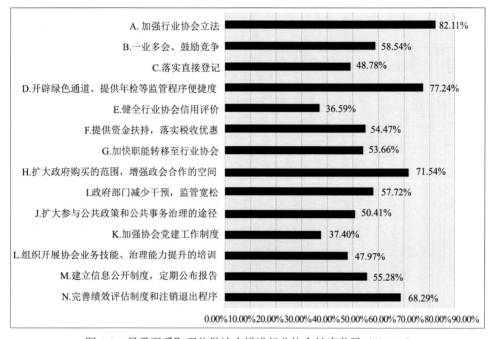

图4-8　最需要采取哪些做法来增进行业协会健康发展（N=123）

二、行业协会发展的制度要素相关分析及回归分析

（一）具体制度要素与行业协会综合发展水平的相关分析

第一，准入制度与综合发展水平的相关分析。调研的主要目的就是分析具体某一制度要素与行业协会发展水平是否具有相关关系，相关程度能够达多少，以此来判别和思考改革时期的行业协会制度供给。

从表4-6中可以看出，"准入制度较为合理宽松，能够较顺利的直接获得登记注册，隐性约束或障碍较少"这一制度与行业协会综合发展水平的皮尔逊相关系数为0.894，且检验的 P 值为0.000，说明这两个变量呈线性相关，其在0.01水平（双尾）上显著相关。可以考虑建立线性回归模型。

表4-6　准入制度与综合发展水平的相关

项目		准入制度较为合理宽松，能够较顺利的直接获得登记注册，隐形约束或障碍较少	综合发展水平
准入制度较为合理宽松，能够较顺利的直接获得登记注册，隐形约束或障碍较少	皮尔逊相关系数	1	0.894**
	显著性（双尾）		0.000
	样本量	123	123
综合发展水平	皮尔逊相关系数	0.894**	1
	显著性（双尾）	0.000	
	样本量	123	123

** 在 0.01 水平上显著相关（双尾）

第二，政府职能转移与综合发展水平的相关分析。从表4-7中可以看出，"政府积极转移行业协会职能，行业协会职能较为明确"这一制度与行业协会综合发展水平的皮尔逊相关系数为0.670，且检验的 P 值为0.000，说明这两个变量呈线性相关，其在0.01水平（双尾）上显著相关。可以考虑建立线性回归模型。

表4-7　政府职能转移与综合发展水平的相关

项目		政府积极转移行业协会职能，行业协会职能较为明确	综合发展水平
政府积极转移行业协会职能，行业协会职能较为明确	皮尔逊相关	1	0.670**
	显著性（双尾）		0.000
	样本量	123	123
综合发展水平	皮尔逊相关	0.670**	1
	显著性（双尾）	0.000	
	样本量	123	123

** 在 0.01 水平上显著相关（双尾）

第三，政府监管制度公开透明与综合发展水平的相关分析。从表4-8中可以看出，"各个相关部门对行业协会的监管制度公开、透明、有力"这一制度与行业协会综合发展水平的皮尔逊相关系数为0.658，且检验的 P 值为0.000，说明这两个变量呈线性相关，其在0.01水平（双尾）上显著相关。可以考虑建立线性回归模型。

表 4-8　政府监管制度公开透明与综合发展水平的相关

项目		各个相关部门对行业协会的监管制度公开、透明、有力	综合发展水平
各个相关部门对行业协会的监管制度公开、透明、有力	皮尔逊相关	1	0.658**
	显著性（双尾）		0.000
	样本量	123	123
综合发展水平	皮尔逊相关	0.658**	1
	显著性（双尾）	0.000	
	样本量	123	123

** 在 0.01 水平上显著相关（双尾）

　　第四，其他制度因素与行业协会综合发展水平的相关分析。为了清晰直观地反映此次调研的各种制度因素与行业协会综合发展水平的相关情况，通过对 SPSS 软件相关分析输出的结果进行整理汇总，形成了表 4-9，可以一目了然地看到各个制度因素的相关系数。政府购买形式让行业协会承担公共服务的相关系数为 0.683，出台专门法律的相关系数为 0.628，政府系列支持政策和配套制度的相关系数为 0.513，民政部门全方位监管的相关系数为 0.493，整体相关程度是比较高的；而协会经费和税收优惠、绩效评估、协会退出制度、党建工作制度、行业治理参与等因素相关程度较低，多数在 0.400 以下，但仍然通过双尾检验；行业协会参与公共政策制定，发表社会治理意见与综合发展水平的相关系数仅为 0.219，且 P 值为 0.150，没有通过双尾检验，因此其相关的显著性不够充分。

表 4-9　其他制度因素与行业协会综合发展水平的相关分析

项目		综合发展水平
政府在人力资源、办公场所、运营治理、业务培训上有系列的支持政策和配套制度	皮尔逊相关	0.513**
	显著性（双尾）	0.000
政府在协会经费收入和税收减免上出台了优惠政策	皮尔逊相关	0.378**
	显著性（双尾）	0.000
经常通过政府购买服务的形式让行业协会承担公共服务	皮尔逊相关	0.683**
	显著性（双尾）	0.000
民政部门和业务主管单位对行业协会能够从事前到事中、事后全方位监管	皮尔逊相关	0.493**
	显著性（双尾）	0.000
建立了行业协会对社会的信息公开制度，定期公布发展报告	皮尔逊相关	0.417**
	显著性（双尾）	0.000

续表

项目		综合发展水平
开展了行业协会绩效评估工作，定期进行评估	皮尔逊相关	0.327**
	显著性（双尾）	0.000
明确了行业协会的退出条件、程序，注销手续合法规范	皮尔逊相关	0.348**
	显著性（双尾）	0.000
出台了专门的法律（或条例、规范、意见），解决行业协会发展中的问题	皮尔逊相关	0.628**
	显著性（双尾）	0.000
在行业协会中设立党建工作制度，较好地发挥党组织的作用	皮尔逊相关	0.270**
	显著性（双尾）	0.002
行业协会的行业治理途径广泛，参与机会较多	皮尔逊相关	0.294**
	显著性（双尾）	0.001
政府重大决策及相关政策出台前，建立了听取行业协会意见的协商与征询制度	皮尔逊相关	0.261**
	显著性（双尾）	0.003
开辟了多种渠道促进行业协会参与公共政策制定，发表社会治理意见	皮尔逊相关	0.219**
	显著性（双尾）	0.015
	样本量	123

** 在 0.01 水平上显著相关（双尾）

（二）行业协会综合发展水平的多元回归分析

行业协会综合发展水平与多个制度因素有关，为了更加清晰、方便地了解这种关系，我们采用多元线性回归的方法，试图分析若干制度因素对综合发展水平的具体影响程度。

第一，行业协会综合发展水平与培育型制度因素的多元线性回归。将综合发展水平作为因变量，将准入制度、政府职能转移、配套支持政策、经费税收减免情况、政府购买服务制度五个因素作为自变量，选用"进入（enter）"方法，将所选变量一次全部进入回归模型。输出结果见表 4-10、表 4-11、表 4-12。

表 4-10　回归模型摘要[①]

模型	R 值	R 方	调整 R 方	估计标准误差	德宾 - 沃森检验
1	0.931[②]	0.868	0.862	24.353	1.891

①因变量：综合发展水平

②预测变量：（常量），经常通过政府购买服务的形式让行业协会承担公共服务，政府在协会经费收入和税收减免上出台了优惠政策，政府在人力资源、办公场所、运营治理、业务培训上有系列的支持政策和配套制度，政府积极转移行业协会职能，行业协会职能较为明确，准入制度较为合理宽松，能够较顺利的直接获得登记注册，隐形约束或障碍较少

从表 4-10 中可以看出，决定性系数达到 0.931，说明该五个自变量大约可以解释 93.1% 的因变量变化。也就是说，该五元线性回归方程的拟合效果很好。

表 4-11　方差分析表 ①

模型		平方和	自由度	均方	F 值	显著性
1	回归线	454969.083	5	90993.817	153.424	0.000 ②
	残值	69391.079	117	593.086		
	合计	524360.163	122			

①因变量：综合发展水平

②预测变量：（常量），经常通过政府购买服务的形式让行业协会承担公共服务，政府在协会经费收入和税收减免上出台了优惠政策，政府在人力资源、办公场所、运营治理、业务培训上有系列的支持政策和配套制度，政府积极转移行业协会职能，行业协会职能较为明确，准入制度较为合理宽松，能够较顺利的直接获得登记注册，隐形约束或障碍较少

表 4-11 中可以看出，$F=153.424$，p 的近似值为 0.000<0.05，因此，回归方程的线性关系是非常显著的。

表 4-12　回归系数表 ①

模型		非标准系数		标准系数	t 值	显著性
		B 值	标准误	Beta 值		
1	（常量）	180.304	15.421		11.692	0.000
	准入制度较为合理宽松，能够较顺利的直接获得登记注册，隐形约束或障碍较少	39.344	3.304	0.613	11.908	0.000
	政府积极转移行业协会职能，行业协会职能较为明确	11.006	2.623	0.182	4.196	0.000
	政府在人力资源、办公场所、运营治理、业务培训上有系列的支持政策和配套制度	8.351	2.002	0.156	4.171	0.000
	政府在协会经费收入和税收减免上出台了优惠政策	6.423	2.204	0.105	2.914	0.004
	经常通过政府购买服务的形式让行业协会承担公共服务	6.249	2.520	0.115	2.480	0.015

①因变量：综合发展水平

表 4-12 为回归系数表，表中给出了常数项，还有准入制度（x_1）、职能转移（x_2）、配套支持（x_3）、经费税收优惠（x_4）和政府购买服务（x_5）的回归系数估计。政府购买服务（x_5）对应的 T 值较小，$p=0.015$，大于显著性水平 0.01，说明此变量对解释变量的影响是不显著的。其他四个系数对应的 p 值均为 0.000，由此可以得出行业协会综合发展水平（y）关于五个自变量的多元线

性回归方程：

$$y=180.304+39.344x_1+11.006x_2+8.351x_3+6.423x_4+6.249x_5 \qquad 1$$

第二，行业协会综合发展水平与监管型制度因素的多元线性回归。将综合发展水平作为因变量，将各部门监管、全程监管、信息公开制度、绩效评估制度、注销退出规范五个因素作为自变量，选用"进入（enter）"方法，将所选变量一次全部进入回归模型。

其输出结果中，决定性系数为 0.756，回归分析的 F 统计量为 31.180，对应 p 值近似为 0.000，说明回归方程也是非常显著的。

表 4-13　回归系数表 [1]

模型		非标准系数		标准系数	t 值	显著性
		B 值	标准误	Beta 值		
1	（常量）	248.859	26.982		9.223	0.000
	各个相关部门对行业协会的监管制度公开、透明、有力	23.642	4.012	0.440	5.893	0.000
	民政部门和业务主管单位对行业协会能够从事前到事中、事后全方位监管	12.579	3.338	0.251	3.769	0.000
	建立了行业协会对社会的信息公开制度，定期公布发展报告	12.097	3.126	0.244	3.870	0.000
	开展了行业协会绩效评估工作，定期进行评估	6.966	3.315	0.133	2.102	0.038
	明确了行业协会的退出条件、程序，注销手续合法规范	2.010	3.630	0.038	0.554	0.581

[1]因变量：综合发展水平

表 4-13 中给出了常数项，还有各部门监管（x_1）、全程监管（x_2）、信息公开制度（x_3）、绩效评估制度（x_4）和注销退出规范（x_5）的回归系数估计。绩效评估制度（x_4）和注销退出规范（x_5）对应的 T 值较小，p 值分别为 0.038 和 0.581，大于显著性水平 0.01，说明此两个变量对解释变量的影响是不显著的。其他三个系数对应的 p 值均为 0.000，由此可以得出行业协会综合发展水平（y）关于五个自变量的多元线性回归方程：

$$y=248.859+23.642x_1+12.579x_2+12.097x_3+6.966x_4+2.010x_5 \qquad 2$$

第三，行业协会综合发展水平与其他制度因素的多元线性回归。将综合发展水平作为因变量，将出台法律、党建工作、行业治理参与、决策征询、公共参与五个因素作为自变量，选用"进入"（enter）方法，将所选变量一次全部进入回归模型。

其输出结果中，决定性系数为 0.728，回归分析的 F 统计量为 45.921，对应 p 值近似为 0.000，说明回归方程也是非常显著的。

表 4-14　回归系数表 [①]

模型		非标准系数		标准系数	t 值	显著性
		B 值	标准误	Beta 值		
1	（常量）	217.937	35.469		6.144	0.000
	出台了专门的法律（或条例、规范、意见），解决行业协会发展中的问题	29.728	3.635	0.554	8.178	0.000
	在行业协会中设立党建工作制度，较好地发挥党组织的作用	11.952	2.968	0.257	4.026	0.000
	行业协会的行业治理途径广泛，参与机会较多	11.841	3.311	0.233	3.577	0.001
	政府重大决策及相关政策出台前，建立了听取行业协会意见的协商与征询制度	7.689	3.844	0.132	2.000	0.048
	开辟了多种渠道促进行业协会参与公共政策制定，发表社会治理意见	2.450	3.883	0.042	0.631	0.529

①因变量：综合发展水平

表 4-14 中给出了常数项，还有出台法律（x_1）、党建工作（x_2）、行业治理参与（x_3）、决策征询（x_4）和公共参与（x_5）的回归系数估计。决策征询（x_4）和公共参与（x_5）对应的 T 值较小，p 值分别为 0.048 和 0.529，大于显著性水平 0.01，说明此两个变量对解释变量的影响是不显著的。其他三个系数对应的 p 值均为 0.000，由此可以得出行业协会综合发展水平（y）关于五个自变量的多元线性回归方程：

$$y=217.937+29.728x_1+11.952x_2+11.841x_3+7.689x_4+2.450x_5$$

3

三、分析结论

第一，行业协会深化改革是一个较长的过程，需要持续关注和努力。从调研地区行业协会的基本情况来看，尽管五个地区多数属于经济发达地区，行业协会改革、试点探索都走在全国的前列，但是其各个方面都尚未转型到位。在产生方式上，市场自发产生的行业协会尚不足一半，政府主管部门推动及混合型产生地占据多数；在内部治理上来看，协会领导大部分还是由政府部门推荐产生，民主程度尚不充分；协会工作人员中，中老年专兼职人员占据绝对多数，人才队伍建设仍需加强；经费来源和办公场所方面，依赖市场化途径获得的比重仍较低；在综合发展水平上，各个行业协会参差不齐，差距较大。目前正在进行的行业协会脱钩试点改革，这些地区也在进行积极探索，整体来看，行业协会的自身建设有待脱钩及多个方面的继续深化改革，建立现代意义上较为发达的行业协会体系，仍旧有较长的一段路要走。

第二，行业协会产生背景并不是影响其发展水平的主要影响因素。从行业协会产生方式与内部治理水平、行业服务水平、公共参与水平的交叉分析来看，产生背景的不同，没有导致发展水平的显著差异，尽管市场型的行业协会在某一方面表现更好一点。这说明行业协会的治理和发展，应该立足现在既有的行业协会，盘活存量，进行循序渐进的改革。

第三，部分制度因素获得了各地区专家的普遍认同，呈现出较高的一致性。不论是限制行业协会发展的因素，还是促进和建议的因素，获得专家共同认可的几个方面有：政府职能转移至行业协会、政府购买公共服务、行业协会立法保障、政府监管程序便捷、准入与自由竞争、增强政会合作、绩效评估和信息公开制度等，说明这些因素在不同地区对行业协会有着共同的影响和制约作用。

第四，相关分析显示，有些制度因素与行业协会综合发展水平的相关程度较高。准入制度、政府职能转移、政府购买服务、专门立法保障、各部门监管制度公开高效、系统配套支持等，与综合发展水平的相关系数较高，表现出了很高的显著相关，说明改善这些因素的某一个，都会对行业协会发展水平的提升有改善。

第五，打好"组合拳"，整体性完善多个制度因素，有利于提升行业协会综合发展水平。培育型、监管型制度与综合发展水平的多元回归分析显示，这些制度因素与综合发展水平呈多元线性相关关系。政策的启示就是，通过强化重点因素、整体改革多个因素，能够更好地促进行业协会综合发展水平的提高。

第五章

发达国家行业协会治理模式的借鉴与启示

我国行业协会产生的时间较早，近代以来也有所发展，但真正现代意义的行业协会是在西方国家市民社会充分发展的基础上诞生的。发达国家，如美国、德国、日本的行业协会发展较为充分，形成了英美模式、大陆模式和混合模式，借鉴其行业协会发展经验，对于我们的全面深化改革大有裨益。

第一节　发达国家行业协会治理模式

一、美国行业协会治理模式

美国的行业协会众多，有超过 7600 家全国性行业协会，其中大部分（大约 2000 家）协会的总部设在华盛顿，也有很多州和地方一级的协会。美国行业协会的组织类型既有以行业划分，也有以地域划分；它们大都是在联邦一级成立最高组织，在各地区或各州分别建立各行业协会，从而在全国范围内形成纵横交错、分工协作的组织网络。

美国对行业协会的政府干预比较少，行业协会与政府关系属于松散型；产生大多基于市场驱动，是"水平模式"的典型代表；以服务为中心，体现的也不是个别企业的利益，而是行业的整体利益。它的体制具有如下特征。

第一，自发组织建立，自主入会退会。根据地方、州和联邦的法律法规，美国行业协会自由建立或变更撤销行业协会，自由制定行业协会的章程，遵循着"入会自愿、退会自由"的原则。在美国，行业协会的成立，多是由于某一行业的企业为了共同利益的需要而发起设立，只要协会名称不与现有的协会相同，就可以免于政府审批直接登记成立。

第二，大小平等、自主活动、行业竞争。不管是规模较大或全国性的行业协会，还是规模较小或区域性的行业协会，在法律上和政府管理上一律平等，协会之间不存在着上下级或隶属关系。美国行业协会的宗旨是维护会员的合法权益，以多种形式的方式服务于会员和行业成员。政府对行业协会不干预，也不过问，由行业协会自主地开展活动。行业协会也接受政府的委托事务，但保持较强的自主性和相对的独立性。据不完全统计，美国约有 3.5 万个协会组织，其中属于工商企业方面的协会组织达 8000 多个，几乎所有领域都有协会组织在开展活动。由于政府没有强制性的规定，没有一个行业协会处于垄断地位，因此，行业协会之间的竞争主要是基于为会员的服务，而不是行政的干预。一旦行业协会之间出现矛盾和冲突时，一般都能通过协商或订立君主协定予以妥善解决。

第三，严格、规范的监管。以税收作为监管的重要手段。美国对行业协会的管理主要以税收为重点，管理的法律框架亦以税法为基础，美国联邦税法 501（C）列出了 26 种享受联邦所得税减免的非营利组织，具体的减免税收条件在该法案的 503～505 条中均有详细规定。其中，行业协会适用于 503（C）（6）。行业协会享有免税的权利，但是资格核查非常严格，经所在州的税务局予以核定，并提交详细的运营材料，包括财务支出及日常活动。

第四，法律制度。在美国，行业协会是私法范畴内的社团法人。尽管美国并没有关于行业协会的专门立法，但是就行业协会设立、运营的相关规范却是非常多的。这些法律条款大多散见于各种法律法规之中，除了联邦法律，各州出台的法律同样具有很高的地位和执行力。一般而言，美国法律禁止行业协会从事纯营利性活动，但是经理事会批准后可以参股入股获取资产收益。

第五，多层次监督。政府监督管理：①美国对行业协会实施监督管理的主要政府部门有登记机关、税务机关、审计机关和政府有关主管机关。政府机关的管理人员经常到行业协会检查，并对行业协会的有关报告进行审查。②美国政府委托其他专门的民间机构，制定相应的管理标准，评估行业协会的运营情况，对行业协会进行监督管理。

同业组织监督管理：它既帮助行业协会维护合法权益，为行业协会服务，同时又帮助政府监督管理行业协会，促进行业协会自律。

社会监督管理：联邦法律规定公民有权向任何行业协会要求查看原始的申请文件及其前三年的税表报表，公民也可以向国税局了解任一行业协会的财务情况和其他方面的材料。新闻媒体的舆论监督作用也非常大，效果相当好。

第六，代表行业利益，参与公共政策制定。根据行业或区域的不同，有不少特定类别的美国行业协会，作为某一行业的利益代表，为实现预期的目标相继成立。例如，1912 年成立的美国商会主要是促进美国企业的对外贸易。1895 年成立的美国全国制造商协会，刚开始时主要服务于小公司，而 1993 年对协会进行改组后，从代表小企业利益的组织转变为代表大企业利益的组织。小企业和独立企业协会理事会则是美国小企业利益的组织。代表农业和农民利益的组织有美国农业社联合会和美国全国农场主联合会。

公共政策是政府或议会配置资源的重要工具或途径。为了维护既有的行业利益，谋求行业的发展空间，行业协会就会利用各种手段或方法，或雇用专门的院外组织对议会制定某项法案进行游说，或凭借与政府官员的各种关系在制定和执行政策时施加影响，确保行业或协会会员的利益不受损害。这样，行业协会以利益诉求为导向，吸纳更多的会员企业加入协会，扩大自身的影响。同样，为平衡各利益相关者的各方面要求，及时制定法案或政策，议会或政府也需要行业协会提供相关的行业信息，并承担相关行业管理的职能，使行业协会与议会或政府之间构建为互为需求、互相配合的模式。《美国法典》规定，联邦农业部部长做出重大决策，须召开听证会，听取有关农业行业协会的报告，报告的内容包括稳定市场价格、改善市场环境、调整市场和产品结构等方面。①

二、德国行业协会治理模式

行业协会在德国有超过百年的历史，工商会早在 16 世纪和 17 世纪就已经出现，发展到今天已经非常成熟，它们在社会政治和经济生活中发挥着重要作用。

德国行业协会专业水平很高，从业人员大多是行业专家，所以在社会中能提供十分前沿且专业的服务。除此之外，德国的行业协会具有民主和科学的特征，让其雇员能够全心全意为企业利益和行业发展而服务，所以行业协会不论在行业

---

① 徐家良.互益性组织：中国行业协会研究 [M].北京：北京师范大学出版社，2010：287.

中还是在社会上都具有很高的威信和很大的影响力。

需要强调的是，尽管公法地位的行业协会在形式上并不是国家行政机关的组成部分，但是在实质上它履行了国家行政机关的部分职能。公法性行业协会要对国家赋予的职能负责、对其成员行使立法和主权职能。德国最大的地方工商会——杜塞尔多夫工商会目前承担的任务中，50% 是政府委托的公共事务管理；40% 是面对会员，为会员挺供各种服务；还有 10% 是作为行业利益的代表者与政治、行政和公众进协调沟通。[①]

德国行业协会的体制特征如下。

第一，政府和行业协会的关系。虽然德国的发展历史使得行业协会与政府的关系比较密切，但是它们之间责任明确、沟通渠道透明，互相合作。行业协会有自身的经费来源，保持着较高的独立性。例如，工商会会费交纳由法律明文规定，通过银行划账的方式，按照企业的大小和营业额的不同收取不同比例的会费。行业协会还可以参加各级议会，向政府表达不同的建议和意见；政府议会在做出某项决策之前，必须听取有关协会的意见。他们认为这样做体现了民主，如果削弱了协会就等于破坏了民主，即破坏了宪法秩序，这将不利于经济的良好运行。协会也需要配合政府完成部分工作，做到上情下达。例如，下萨克森州农业联合会每年将配合政府兽医检查委员会，进行多次有关检疫方面的工作，以确认生产养殖业的条件、饲料等是否符合国家的各项法规。因此，德国的行业协会可以说是企业与政府之间的桥梁和纽带。

德国行业协会的特点是政府行政作用参与其中，大企业起主导作用，中小企业广泛参与。德国各级政府都没有设立特定的工商行业部门，主要是通过民间经济类社会团体与企业发生联系。这些经济类社会团体数量众多，活动范围广，几乎覆盖所有企业。[②] 德国强调的是政府的推动作用，地方州一级的自治权力比较大。德国政府并不直接管理行业协会，也不干涉协会的正常运作，而是通过在职能上授予委托、在经费上支持补助等方式推动行业协会的发展。无论是公法性行业协会还是私法性行业协会，均为非官办的。

第二，两种管理方式，两种入会方式。在德国，政府管理行业的方式有两种：①政府直接控制管理；这是公法性行业而采取的方式；②由行业性民间组织

---

① 毛俊华，林昕. 行业协会法制建设和内部治理结构 [J]. 上海市经济管理干部学院学报，2007（3）：28.
② 李振中. 从国外行业组织的法律地位和现状看我国的行业协会 [J]. 中国建筑金属结构，2006（3）：7.

种式以外的其他众多行业而采取的方式。

德国行业协会按照组织原则可以划分为两大类：①依法实行强制入会制的公法性行业协会，企业和企业主是它的法定会员。德国法律明文规定所有注册登记的工商企业都必须参加。例如，德国工商大会，是全国性的、有着严密组织机构的大型行业协会。②法人和自然人按照社团组织的章程活动自发组成，基于自愿、自主、互利原则组建的私法性行业协会，其运作受司法制约。除了公法性行业协会外，德国大多数行业协会都是私法性行业协会，它们属于民间性中介组织，是企业为了维护共同利益而成立的。①

第三，有效的行政管理。适当约束。德国政府虽然不直接参与行业协会的运作，但它制订并颁布了有关行业协会运作的法规《协会法》。这部法规给予了各行业协会必要的法定自治权，又限定了它们的活动范围和程序，形成规范有序的约束。

严格审批章程。对协会运行程序的合法性由议会进行审定，而对自治社会协会章程的审批是由国家有关机构严格把关的。审批通过的前提条件之一是自治社会协会的内部组织必须是民主产生，以防止协会的官僚主义化和专权化：

制度上防止寻租。由于德国宪法规定议员不受任何组织指示的约束。选举法严格确立了关于议员候选人的提名程序，这在很大程度上避免了行业协会等社会中介组织通过院外活动去影响议会的必要性和可能性，因此，焦点主要集中在行政部门：所以德国制定了严格的规定。使其对行政部门的影响也较大程度地机构化和法律化：各行业协会可以在联邦议会登记，在议会中公布议员所参加的协会，联邦议会的专业委员会公开听证各协会在行政立法草案中必须附上参加起草的协会名单。

第四，专门立法规定，性质权责明确。德国是大陆法系国家的典型代表，拥有完整的行业协会相关立法体系。《德意志联邦共和国基本法》和《德国民法典》对公民结社自由的规定非常明确，几经修订的《德国工商会法》是德国公法性行业协会的主要法律基础，《社团法》则是私法协会最主要的法律依据。《德国工商会法》规定，联邦州政府对工商会实施全面监督，包括工商会的会员大会、章程、选举、会费、特别会费及费用等均需经过联邦州政府批准，否则不能生效。

第五，官民一体的组织架构，协会内部组织健全。德国经过第二次世界大战

① 姚小霞.国外行业协会发展特点及其启示[J].世界经济与政治论坛，2002（5）：26.

后，从统制经济转入市场经济，导致了政府在市场经济中的特殊地位。由于路径依赖作用，德国强调官民合作的宏观治理体制，政府与行业协会之间合作共治。行业协会为会员企业代言，服务会员发展；政府通过引导行业协会进而影响企业的市场行为与重大决策，形成了别具特色的组织架构。以德国工商大会为例，它是按地区划分组织起来的、半官半民性质的行业协会，在全国范围内所有从事工商业活动的企业法人都必须依法参加工商大会。因其性质特殊，工商大会还承担国家行政机关赋予的一定职能，如培训、考试、资格证书的发放等。

德国行业协会内部组织健全，机构分工明确，具有较高的民主性和权威性。例如，机械和设备制造业协会的内部组织机构有：会员大会、理事会、执行主席团、常设机构和 36 个专业委员会，并且下设州一级协会 8 个，协会的内设机构和专职人员的配备根据客观变化和业务需要不断进行调整的。此外，它还有比较完善的选举制度、财务制度、工作制度等管理制度。

三、日本行业协会治理模式

日本行业组织作为官办协调的重要机构，有一套完整的组织体系。日本的行业组织有三大类：一是各行业协会。工业行业有工业会、工业联盟。商业及其他行业的协会则按业种、业态和经营对象分别组成。二是以同行业中小企业为其成员的行业组织。三是各种商业和工业协会联合组成的组织——商工会议所。日本90% 以上的企业加入各种行业组织，行业组织在日本社会经济发展中起着沟通协调、"智囊"咨询、参政的作用。

这一体制具有以下特征。

第一，分类管理。根据行业协会组成方式的不同进行不同的管理模式。一部分比较重要的行业协会，如工业会，必须在通产省登记审核，接受政府的规范和约束。大部分一般性的行业协会，如地方性的行业协会，则实行地方备案和免登记，由于受控制较少，这方面的地方性的和一般性的行业协会较多。对农村合作组织实施特殊的管理，按《农业协同组合法》规范，使农协组织具有双重法人资格，即合作组织和企业法人，但它遵守非营利的原则，为农民提供更多的服务。

第二，政府支持。政府认识到行业协会在市场经济与社会发展中的作用，因此，采取全额拨款、部分拨款等经费支持的办法保障行业协会的活动，委托行业协会处理一些行业事务，使行业协会有充足的活动经费和相应的行业管理职能，从而有效地为政府和行业提供信息、技术服务，规范行业行为。

第三，地位不平等。特殊法人和全国性的行业协会受到政府的高度重视，与政府有固定的沟通和对话机制。通产省作为登记审核单位，通过38个审议会与大企业进行沟通，使行业协会充分反映会员企业的意见，代表行业利益，参与政府各项经济决策活动，影响公共政策的制定和执行。因此，也可以说，现代日本政府与企业间的关系具有通过行业协会和审议会两个层次协调的特征。

第四，监督措施。《商工会议所法》规定，通商产业省令及通商产业大臣负责对商工会议的设立登记、年度报告、财务、违规、解散与清算等事项做出监督。具体包括以下几方面的监督措施：

监督商工会议所的设立或变更。法律规定，商工会议所已进行其设立或者主事务所迁移的登记时，必须及时向通商产业大臣申报。

检查业务或财务及其他必要事件。通商产业大臣每年对商工会议所进行收支预算、事业状况及其他事项进行检查；或派出职员检查商工会议所的业务状况、账簿文件及其他必要的事件。

对违法违规行为的处置。通商产业大臣有依法对商工会议所的日常运营进行是否合法和适当的监管权力，当发现不适当或违法时，需要提出明确警告；经警告而仍未改善时做出停止业务、撤销设立等处分。

对解散及清算的批准认可。因破产、议员大会决议、设立认可被撤销等原因做出解散时，通商产业大臣需审核认可解散申请书。非经通商产业大臣认可的解散及清算决议不发生效力。

第五，"行业协会—审议委员会"这种协调机制，使政府与企业保持着密切的关系。政府通过这种协调机制，向相关企业输出政策意图，从而使经济沿着符合政府的战略和政策意图的方向发展；企业则通过这种协调机制，向政府相关职能部门输入利益诉求，维护自身权益。

第六，一些政府高级官员退职后通常会得到民间部门的任职邀请，另任与其原地位相符或相类似的高级职务，并且会获得远高于其在政府任职时的报酬。这一制度安排有使得行业协会与政府相关部门自然发生紧密联系，同时也有利于激励这些高级官员投身于行业协会的工作中，带动行业发展。

第二节　发达国家行业协会治理的经验与启示

一、发达国家行业协会管理模式的共同特点

尽管美国、英国、德国、日本的行业协会管理模式各有千秋，差异性较大，但比较起来仍有一些共性可以得到提炼和归纳。

第一，法律性非行政管理性。不论是美国、英国，还是德国和日本，行业协会都受到这些国家不同法律的约束和规范。美国是税法，英国是捐赠法和相关法案，德国是《手工业协会条侧》《德国工商会法》和《社团法》，日本是《商工会议所法》，基本上做到依法管理。在具体登记管理上，一般分为必须登记、免予登记两类。必须登记的，除名称、地址、章程、人员等登记条件外没有其他条件。在协会具体活动管理上，根据行业协会法、税法、政治资金管理法、捐赠法、信托法等展开有针对性的规范，减少了政府管理的随意性，避免政府管理的临时性规范，确保行业协会管理的严肃性和权威性，体现出法律性强和行政管理性弱的特点。

第二，民间性非官办性。行业协会根据会员的意愿组建起来，会员代表大会为最高的权力机关可以决定重大事务，协会负责人民主选举产生，董事会或主席团受会员之托，没有特殊的地位和权力，协会具体事务由职业的专业人员进行管理，政府无权对协会进行干预，确保人事、财务、会费等方面的高度自治，体现行业协会的民间性非官办性。尽管在接受法律授权、政府委托、政府购买等方面各个国家有一些差异，尤其是德国对地方工商会的入会带有一定的强制性，但这些方面不影响更不妨碍行业协会的民间化运作，使行业协会在法律的规范下和政府的支持下保持着自身的特点正常地发挥出应有的功能。

第三，分类性非部门性。由于行业协会的范围较广、种类较多，涉及地区性、全国性和行业性，各个国家都采取了以一个标准进行分类性的管理，有针对性地处理行业协会事务，既把复杂的管理简单化，又减少政府部门政出多门。美国《税法》以是否营利为分类标准，德国以是否实现公共利益为分类标准，日本以是否必须登记为标准。美国、英国、德国、日本四国通过有序的分类，达到了

行业协会良性运行的效果。

第四，服务性非管理性。行业协会的宗旨是为会员企业提供信息和技术服务，为政府政策出谋划策，维护行业秩序，保护和争取行业的合法权益。因此，在行业协会的活动过程中，都把提供市场信息和技术服务放在第一位，通过开通网站、举办培训班、举行产品展销会、编辑发行专业性报纸杂志、提供咨询服务等方式，为会员解决实际问题，排忧解难。行业协会为会员提供服务不具有强制性，会员既可以选择服务，也可以选择不服务，使协会的工作重点放在服务的品牌效应和吸引力上，从而得到会员的拥护和认同。同时，行业协会也为政府提供信息、咨询、标准等方面的服务，赢得政府的支持。

当然，如果把美国、德国、日本行业协会进行比较时，不难发现德国和日本两国的行业协会更具有组织体系化、功能完备化，与政府保持着较密切的关系。[①]

二、发达国家对我国行业协会管理模式的启示

以上我们分别以美国、德国和日本作为英美模式、大陆模式和混合模式的代表，主要从已有法律规定的内容上对国外行业协会监管做了粗略的介绍。以下将打破各国行业协会不同模式的界线，对国外行业协会监管体制的基本经验和启示做一个小结。

一是较为健全完善的法律保障。打造健全完善的法治环境，是行业协会等社会团体良好运行的基础和前提。虽然各国对行业协会的具体法律规定有着较大差异，但是纵观上文提及的德国《工商会法》、日本《商工会议所法》，以及韩国《商工会议所法》、法国《法国工商会法》和德国《结社法》，这些国家对行业协会都有着专门的法律规范。英美模式的国家，如美国，虽然并无行业协会专门法律，但是在其他法律（美国的《非营利性法人法案》）条款中，对登记、管理的约束非常明确、细致。

二是较为多元的综合监管体制。国外市民社会发展较为成熟，对行业协会的监管往往涉及政府、议会、社会公众、媒体、非营利组织的公共参与，政府内部也有多个部门分别对不同的领域进行全面的监管，登记准入、税收减免优惠、审

① 胡萌. 发达国家行业组织比较研究 [J]. 管理现代化, 2003（3）：61-64.

计监督、违法审查等整个过程都有着翔实的规定。例如，美国联邦国税局的财务状况表格（Form 990）是对行业协会的一种严密的税收监督，日本通商产业大臣则通过行业协会的年报、行政处罚等方式来密切监管行业协会。

三是较为多样的监管方式。目前发达国家的监管，主要侧重于行业协会的业务和经济活动。年度报告、财务报告及日常定期不定期的检查都是基本的监管的方式。美国联邦国税局的财务状况表格（Form 990）是对行业协会的一种严密的税收监督，日本通商产业大臣则通过行业协会的年报、行政处罚等方式来密切监管行业协会。日本政府还对行业协会的具体投资、分红等领域做出细致的监管规定。

四是重视财务税收的监管。发达国家强调行业协会的过程监管，其中财务和税收是两个重点方向和手段。财务公开、财务审计、税收减免登记、财税违规举报等制度已经成为各国政府的普遍选择。美国要求行业协会登记时就必须进行税收减免的登记，要享受税收减免也须经过税务局的严格审核；德国行业协会的财务纳入了联邦预算，在财务审查和账目审计方面非常苛刻。①

---

① 樊欢欢. 对外国社会组织规范管理的国际比较研究 [R/OL]. （2019-08-15）[2018-09-15]. http：//www. chinanpo.gov.cn/1831/32362/yjzlkinclex.html.

第六章

新时代我国行业协会嵌入型治理的
制度创新路径

新时代的来临对行业协会的治理体制提出了新的要求。党的十九大明确提出国家治理现代化的宏伟目标，也描绘了到 2020 年的社会组织管理体制的发展蓝图。党的十八届四中全会提出了要"支持行业协会商会类社会组织发挥行业自律和专业服务功能"。因此，在未来很长一段时期内，现代的行业协会治理体制建设是政府和行业协会工作的重要内容。

对于政府治理而言，基于目前我国行业协会发展的现状，积极扶持培育、强化监管、优化提升是治理行业协会的三重奏。但在具体方式上，相关政策应以提升行业协会的整体健康发展为目标，从以往面向个别的、具体的行业协会的"资源供给型"政策，转向更具普适性的"制度供给型"政策。通过体制机制的改革创新，政府应彻底实现与行业协会的脱钩，同时逐步去除所有阻碍行业协会资源汲取的制度性障碍，积极提供配套的扶持政策；加快建立部门联合监管体系，完善行业协会的信息公开、绩效评估及退出机制，形成符合现代社会治理规律的制度嵌入型监管体系；不断推动行业协会的立法完善，逐步在行业协会建立党建制度，促进优化其参与公共政策的能力和制度建设。

第一节　坚持市场化导向，加快完善行业协会的培育制度

一、建立开放性准入制度，以增量改革促进存量改革

新时代行业协会的"脱钩"改革主要针对传统的官办行业协会，属于存量改

革，阻力和困难不可避免；而不断增加市场型行业协会，属于改革中的"增量"，能够产生良好、持续的"鲶鱼"效应，激活现有行业协会的竞争活力，增强行业协会的资源吸纳能力。因此，秉承市场化的基本原则和方向，打破行业协会准入的种种障碍，探索建立开放性的行业协会准入制度，敞开"入口"，是深化行业协会改革的基石所在。

首先，新设行业协会全面执行直接依法登记制度。直接登记制度是激发行业协会等社会组织活力的重要举措。《国务院机构改革和职能转变方案》和党的十八届三中全会《决定》，都明确提出行业协会类社会组织可以依法直接向民政部门申请登记，不再经由业务主管单位审查同意。这项行业协会管理制度的重要变革，给予了行业协会以宽松的成长环境和更大的自由发展空间，有助于加快行业协会的自治化进程。部分地方的试点经验表明，直接登记不会造成行业协会数量的井喷，在部分地区乃至全国范围内全面放开该制度是可行的。

同时，对于目前直接登记过程中的各种隐性约束，需要尽快出台全国统一的实施细则，要本着降低行业协会申请登记注册成本，提高登记注册效率的方针，改革优化行业协会登记注册的环节和资料审核工作，将新的行业协会直接登记办法和细则落实到各个层级的社会组织管理部门，尽快推动登记改革的落地生效；应明确民政部门登记管理机构的行政监管职责。行业协会登记审查的责任主要在于是否合乎法律法规设定的基本条件，只要登记时符合规定的，负责登记的民政部门便无其他责任。唯有这样，登记管理机构才有真正落实直接登记制度的积极性；要明确予以登记和不予登记的具体条件和执行标准，规范登记审查的具体行为，压缩登记机关自由裁量的空间，营造科学、公正、开放的准入环境。

其次，废除"一业一会"，实施"一业多会"，在登记管理制度当中引入竞争机制。《社会团体登记管理条例》（2016年版）第13条仍然规定了不予批准筹备的情形，其中第2项的情形是："在同一行政区域内已有业务范围相同或者相似的社会团体，没有必要成立的"。从文本表述上来看，这项规定仍不够明确，自由裁量的空间较大：虽然在同一行政区域已有业务范围相同或者相似的社会团体，但如果确有必要再设立的，也是可以批准筹备的。从根本上讲，自由结社是一种权利，"一业一会"制度限制了结社自由权，也不利于通过自由竞争促进行业协会提供更好的服务。因而，建议此条款予以修改完善。[①]

---

① 易继明. 论行业协会市场化改革 [J]. 法学家，2014：33-48.

　　坚持市场化方向，创造良好的发展环境，尽快探索行业协会一业多会机制，逐步打破一业一会的垄断现状，是进一步提高行业协会的行业代表能力，促进多元、平等、有序竞争的内在要求。在一业多会的基础上，鼓励行业协会的良性竞争，优化行业服务和公共治理格局，促进行业协会发挥应有作用，真正成为现代社会治理的重要主体之一。在促进的竞争的同时，要坚持完善和规范行业协会监管措施，引导行业协会走向健康良性的发展道路，否则很有可能走向"失灵"，对行业正常的秩序造成危害。推行"一业多会"，还要注意某些地区已经出现的不良势头，注意控制同类行业协会的适度规模和数量，不能无序、恶性竞争，如果过多、过杂必然也会走向另一个极端，于行业治理并非益事。[①]

　　最后，适应社会和市场发展的新形势，建立更具包容性、开放性的新型设立制度。逐步跨区域登记、异地登记、联盟登记、国际化准入等更具包容性的设立制度。市场经济发展推动了全国经济一盘棋的大格局，服务于行业发展的行业协会应当打破行政区划的限制，只要政府系统内部设置好合适的登记管辖权限，完全可以实现跨行政区域进行登记、异地登记；行业领域正发生着深刻变化，生产、销售、流通的领域交叉，上中下游之间的产业融合再造，"互联网＋"、休闲文化、新能源、新材料、新科技等打破了行业界限，联盟登记、"跨界"行业协会的登记亟须探索；国际化全球化的趋势，也对政府的行业登记制度提出了新课题，如何尽快解决国际性行业协会的准入和国内行业协会的国际业务登记问题，需要我们构筑更加开放和更具包容性的登记制度。

二、厘清政会职能界限，推行行业协会职能清单制度

　　转变政府职能，理顺政府和社会的关系，一直是全面深化改革的重要任务。新的时代条件下，需要在制度供给体系当中，进一步厘清政府和行业协会职能，尤其要明晰行业协会职责范围，将行业协会应该承担的职能通过各种制度嵌入其运行当中。

　　第一，尽快剥离行业协会承担的行政职能，厘清职能界限。行业协会是独立于政府的一种社会中介组织，自身是独立的民事法律主体，是依法在民政部门登记的民间组织，而不是行政单位的办事机构、附属机构。除法律法规明确规定的

[①]　李泽华. 我国行业协会发展问题研究 [D]. 西安：长安大学, 2014.

职能，要尽快剥离行业协会承担的行政职能，给行业协会"摘帽""解绑"，让行业协会寻求自身职能而不是追求行政资源的庇护。对于特定情况依法进行委托的行政职能，行业协会必须要向监管部门和社会公开，并在职能委托结束后停止相关活动。

第二，政府承担的属于行业协会的职能，积极进行转移转交。政府职能转变是一项长期的大工程。职能转变包含着管理方式、管理手段的变革，包含着从什么都管的"大政府"到小而美的"小政府"转变，卸下包袱、轻装前进是这一轮政府职能转变的核心内容。服务性政府的建设也强调把不该由政府承担的职能积极转移至社会，以提供服务效率，放权于社会、服务于百姓。之前有些政府曾"越位"直接进行行业管理，改革的关键就在于将这部分行业治理职能交还给行业协会。从无锡、温州、广州、上海等地政府的改革试点工作经验来看，政府职能转移至行业协会的进程较为缓慢。究其原因，主要在于政府部门和行业协会对当前的职能转移都有着惯性思维，存在动力不足的问题。政府部门认为行业协会履职能力不足，专业水平不足，没有足够的人财物条件来行使行业治理的重担，因此对行业协会的职能赋予少而慢；而对行业协会而言，这种缺乏履行职能的状况，使得行业协会本身在企业、市场和社会中的地位不牢，资金等资源汲取困难，想干不能干，想干干不好，最终使自身的发展陷入了依附政府部门的漩涡。因此，必须要破除这种惯性思维，下大力气推动职能的转移。

根据转移职能的内容和方式的不同，可以将政府转移职能分为两类：第一种转移是将那些原来由政府承担但是本应该由行业协会承担的职能通过行政审批制度改革等方式转移归还给行业协会，这种转移是一种永久性的职能转移，也可以被称为职能的剥离，这有助于建设有限政府，使得行业协会在行业的治理中发挥更大的作用；第二种转移是将那些本来应该由政府承担的职能的部分内容或环节通过购买服务、委托等方式转移给行业协会承担，在完成职能后可以收回，也可以再次持续委托。

第三，明确行业协会的基本职能和责任范围，推行行业协会职能清单制度。就现代社会组织的理论使命而言，行业协会扮演着特殊的社会角色，一方面它本质上是互益性社会组织，其基础的职能是服务会员，维护行业秩序，表达行业利益诉求，发挥行业自律作用，服务行业发展；另一方面则联结着政府与企业，沟通信息，承担法律授权、政府委托和企业委托事务，使政府、企业、行业协会三者之间的整体效用最大化[①]。不少专家学者也提出了行业协会的职能体系，如张建民提出的 5 大类 21 项的职能体系设计[②]、中国工业经济联合会提出的 16 项职能体系[③]。就我国当前的改革实践而言，需要通过广泛的调研，尽快建立一套适应全国及地方行业协会的基本职能体系规范，把诸如行业标准的制定、技能资质的考核、质量认证、行业自律等适宜于协会承担的行业管理职能明确交给行业协会行使。形成职能清单，引领行业协会发挥应用职能，也有利于敦促政府尽快还权于行业协会，避免行政部门越俎代庖。

三、完善全方位扶持制度，助推行业协会脱钩发展

限于我国的具体国情，以及行业协会自身的产生发展历程，当前对行业协会的脱钩改革，绝不能一"脱"了之，任其自生自灭。尤其在近几年的过渡时期内，政府通过系统的配套制度帮扶，帮助行业协会摆脱积弊，培育行业协会自食其力、强身健体，提高自治能力和行业治理能力，对未来的现代社会治理格局大有裨益。

第一，逐步建立健全行业协会人力资源相关制度。人、财、物是一个组织赖以正常运行的最基本条件。人力资源问题是决定行业协会能力的一个关键问题。在人力资源的使用和调配上，要保证行业协会充分的人事权，建立起科学、规范的用人制度，政府部门等不得干涉行业协会的用人自由，也不得摊派无关人员；优化人才结构，提高行业协会专职人员和业务人员的比例，通过给予一定的人才引进政策，吸引优秀人才到行业协会工作；政府通过购买形式向高校、社会培训机构购买培训服务，对行业协会从业人员进行专业化培训，促进其政策理论水平、行业专业知识水平以及协会职业道德水平的提高，推动整个行业协会人力资源队伍的实力提升。[④]行业协会全面实行劳动合同制度，工作人员的工资、养老、基本医疗及其他社会保险和住房公积金，按照国家有关规定执行。

第二，鼓励行业协会拓展经费来源，增强运营财力基础。针对脱钩后普遍存在的经费问题，要尽快明确鼓励行业协会合法拓展经费来源，引导行业协会通过

---

①　徐家良. 互益性组织：中国行业协会研究 [M]. 北京：北京师范大学出版社，2010：185.

②　张建民. 全面深化改革时代行业协会职能的新定位 [J]. 中共浙江省委党校学报，2014（9）：29-37.

③　中国工业经济联合会. 中国行业协会商会发展报告（2014）[M]. 北京：社会科学文献出版社，2015：148.

④　刘菲. 我国行业协会发展现状、存在问题及对策研究 [D]. 石家庄：河北师范大学，2013.

合理的业务活动，获得会费以外的更多企业捐赠收入、咨询收入、有偿服务收入等。从财务资源的角度而言，要给予行业协会多方筹措资源的自由空间，允许行业协会在不违反法律的前提下，通过向政府提供服务、承接政府转移职能、承接政府购买服务项目等方式获得收入。地方政府也可以通过设立行业协会发展专项资金和奖励资金，引导行业协会加强自身建设。要鼓励行业协会积极开发基于自身优势的信息、统计等产品及服务活动，通过向服务对象提供服务和产品获得相应的收入。还应当鼓励行业协会通过公益创投的方式将社会资本引入行业协会的创办和发展过程中来，通过这种方式引导社会资本服务于社会公益。

第三，国家财税部门尽快出台关于行业协会的缴税细则，制定优惠税率，减轻税收负担，避免"营改增"后按照企业标准缴税。首先，要尽快明确行业协会税收优惠的主体，积极完善分类体系，循序渐进，推进税收优惠的范围和减免对象范围的扩大；其次，定期实施对行业协会缴税情况进行核查，落实各地税收优惠政策，避免脱钩后的行业协会受到不公平待遇；最后，实施有条件的减免行业协会的所得税、营业税与增值税，在转型改革时期促进行业协会的资金积累，允许其从事更多的行业服务和社会公共服务，扩大日常运营的活动范围。另外，对于社会组织或个人向行业协会的捐赠，处于鼓励行业协会发展的基本原则，税务部门应出台免交捐赠所得税的政策，至少在一定的额度范围内予以减免，以推动社会对行业协会的资源扶持。[①]

第四，采取多种举措，助推行业协会能力建设。尽管行业协会的自治属于"私序"范畴，政府不宜过多干涉，但在相关法律规范体系建立前，政府在协助行业协会提升自治能力方面依然可以有所作为。政府相关部门可以组织或委托第三方机构，对行业协会负责人进行培训，帮助他们学习现代非营利组织的法人治理理念和程序规范。将行业协会能力建设作为重点工作之一，通过加强培训、相互学习、完善制度等方式不断增强行业协会的资源汲取能力、治理能力和联合行业企业进行集体行动的能力。就资源汲取能力、治理能力而言，主要的建设途径包括完善治理结构、实施战略管理、开展项目管理、建立评估和激励制度等。要通过创新、创业和能力建设培训辅导活动，进一步将行业协会引领到服务于行业创新发展的共性服务活动和核心产品开发上来。现代化的行业协会应当具有自身的核心竞争力和核心产品，这是每一个行业协会生存发展的基础。

---

① 　王鹏亮. 论我国行业协会发展的制度设计与创新 [D]. 南京：河海大学, 2007：14.

第五，敦促行业协会规范法人治理结构，促进其练好"内功"。行业内部治理结构的完善，尽管属于内部、个别的事务，但是就行业协会的整体治理而言，改革时期的政府有义务提供一个基本要求和章程规范，促使行业协会逐步成为独立、健全、有所作为的社会组织。行业协会要按照现代社会组织的一般要求，形成一个产权清晰、权责明确、科学运转、制衡有方的法人治理结构。其章程要符合规范，内部管理依照章程健全会员代表大会制度、理事会制度、健全监事会（监事）制度；重大事项落实民主选举制度，鼓励选举行业内有代表性的优秀企业家担任行业协会理事长，推动行业协会工作规范化、常规化，提高其自身在行业和社会的影响力。总体来说，应该在完善和贯彻行业协会章程的基本前提下，实现会员大会、理事会、监事会和秘书处等主体之间的分权制衡和协调配合，其中最关键和有效的制度包括：理事会名额的分配、会长的产生和罢免、重大事务的决策、协会财务的管理、监督救济机制等。重大人事问题、财务问题及重大事项决策都必须按照章程要求进行民主化处理。

四、加快健全政府购买制度，保障行业协会合法获得政府资源

政府购买服务是政府与行业协会基于平等主体的地位、公平的市场交换机制进行交易的合作方式。通过行政授权或行政委托的传统政会合作方式不符合当前深化改革的宗旨。行业协会与政府在行业调查、行业统计、行业规划的拟制等方面存在广泛的合作。在传统的政会关系中，政会合作通常是通过行政授权或委托的方式进行的。行政授权以法律法规为基础，将公共管理权限授予政府以外的社会机构，所以，授权对象主要是体制内社会组织，官办行业协会因此也是重要的授权对象。行政委托具有更大的自由度，也是更为常见的政会合作方式，行业协会也承接了大量政府委托事务。无论是行政授权还是行政委托，都容易加深行业协会的行政化，使其成为拥有行政管理权力或行政管理职能的"二政府"。近年来，要求审查向社会组织进行行政授权的合法性的呼声渐高，行政委托也越来越多地被要求必须与政府购买服务捆绑进行，政府购买服务也因此日益成为政会合作的重要方式。政府购买正在成为脱钩改革后政会合作的主要渠道和途径，也是政府扶持行业协会发展最直接、最有利的举措。

政府购买服务对于行业协会的"去行政化"改革具有非常重要的意义。首先，政府购买实现了经费与事务匹配的基本原则，从而颠覆了过去以拨款来维持行业协会运营的做法，政府与行业协会之间的财务关系清晰明了。其次，对于原属财政预算支持的行业协会，脱钩后其财政直接拨款将逐步减少至取消，政府购买服务将成为其收入来源的重要途径之一；对于纯市场型行业协会，在提供某些具有竞争力的服务同时，政府也需要通过支付购买服务的对价。政府购买服务是对行业协会发展的最直接和有力的扶持，既有经费的支持，也有业务和职能事项的委托承担，有利于发挥行业协会的行业治理功能。再次，政府购买服务的过程依照的是现代市场经济的准则，无论从购买合同，还是从招标流程上来看，政会之间按合同形成的契约关系将促进行业协会的社会身份认同。最后，政府购买将成为行业协会脱钩后的主要合作方式，良性的政会合作机制将依赖这种方式逐步走向公开、透明和规范化。

国务院办公厅、财政部、民政部已经在国家层面已经印发了政府购买的指导意见和管理办法，下一步亟待明确执行细则，地方政府也须尽快制定具体实施办法，配套提供长期或短期的政府购买服务项目，给予行业协会有力的支持。

首先，尽快明确政府购买行业协会服务的范围。2013年发布的《国务院办公厅关于政府向社会力量购买服务的指导意见》中，在购买内容方面，仅列举了属于基本公共服务领域的具体内容，其中并无适合行业协会履行的服务。对于非基本公共服务领域，该意见只是提出"要更多更好地发挥社会力量的作用，凡适合社会力量承担的，都可以通过委托、承包、采购等方式交给社会力量承担"这一基本原则。地方政府如无锡市、河北省、广东省等地都陆续出台了政府向社会组织购买服务的内容指南，但总体来看，界定标准并不一致，具体的购买范围存在较大差异。就公共服务的经济学分析来看，在适合由行业协会履行的职能中，具有集体物品性质的服务职能，都可以通过政府购买行业协会服务的方式来实现。而可收费物品或服务都可由行业协会提供。

其次，逐步完善政府购买行业协会服务的基本程序。《国务院办公厅关于政府向社会力量购买服务的指导意见》中，在有关"购买机制"方面，对承接主体的确定方式、购买双方的合同管理、合同内容、履行、验收等环节做了原则性规定，但在具体的购买方式、程序和环节上仍需完善。一是项目认定环节。逐步建立项目申报和审批制度，规范政府的购买行为；评审机构通过调研、问卷调查等方式获取上报的购买服务项目是否符合实际需求的信息，以及是否具备社会化运作的可行条件，并对要购买的公共服务进行成本与效益的分析；批准审查合格的购买服务项目立项。二是项目购买环节。由于我国目前没有关于政府购买服务的专门立法，所以只能参照《政府采购条例》的一般性规定，选择公开或邀请招投标、竞争性或有限竞争的邀标谈判、询价等方式，再结合购买项目的具体特点，按照规定程序向社会公开招标，按照预先制定并公布的竞标审查竞标，组织开展竞标工作；确定中标机构，签订合同。三是项目执行环节。建立绩效管理机制，并设立专门机构来监督项目的落实。监督手段分为检查、公众监督反馈和服务提供者定期提供进度报告等形式。此外，政府制定服务合同违约时的应急预案，以保持公共服务的持续性供给并降低建设项目财政资金的损失。四是项目评估验收环节。政府采取内部和外部评估的形式，外部评估主要委托专业机构、中介机构对购买服务的成果进行客观评价。根据评估结果和项目实施的进度绩效，按照合同约定或审计评估结果兑付费用，对项目执行优异者还可进行奖励。

第二节　理顺监管关系，塑造科学合理的综合监管制度

嵌入型治理的宗旨就是将国家和政府的治理要素形成制度，"先天"性地嵌入到行业协会的发展当中。就行业协会的监管而言，最需要建立系统的监管制度，让被监管对象——行业协会执行既有制度，实现自我约束、良性发展。这种监管方式，类似于有的学者提出的"合规性监管"。[1] 对行业协会的嵌入型监管强调对行业协会的监管必须依制度（法律或政策）而行，主要包括三个方面的内涵：一是减少或杜绝政府直接介入行业协会，监管依照现有的制度框架进行；二是制度嵌入行业协会，行业协会无论在重大决策或是日常活动，都会基于制度进

---

① 　郁建兴，沈永东，周俊. 从双重管理到合规性监管——全面深化改革时代行业协会商会监管体制的重构[J]. 浙江大学学报（人文社会科学版），2014（4）：108-116.

行自我调适；三是所有监管主体都依照制度对行业协会监管。[1] 结合全面深化改革和新时代的发展要求，推动我国行业协会健康有序发展，亟须加强以下几个方面的制度供给，详见图 6-1。

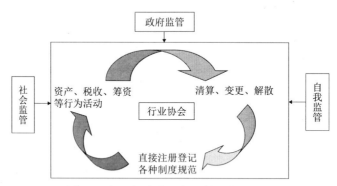

图 6-1　行业协会全方位监管制度示意图

一、健全政府各部门的联合监管机制，脱钩不脱责

行业协会脱钩之后，回归市场、行业和社会当中，政府监管责任并非因为脱钩而责任减少，反而由于行业协会成为独立社会主体后，其业务活动涉及面更为广泛，需要更多部门履行相应监管责任和设立相应制度。

首先，明确各部门监管责任体系。要积极充实增加民政部门的力量。行业协会直接登记落实后，民政部门不仅要负责行业协会登记、变更、注销的审查、日常及年度检查，而且还要逐步建立行业协会负责人管理、资金管理、信息公开、内部治理结构和管理制度指导、处理违规违法、开展综合评估、完善整改和退出机制；各行业管理部门虽然不再是"婆家"，但是仍然可以担当指导工作，甚至可以有多个政府职能部门成为行业协会的指导部门，以听取行业协会的政策建议、发展规划、行业产业布局调整或社会服务的供给调配，业务相关的其他政府部门则可通过提出建议、发布信息、制定导向性政策等方式对行业协会进行指导。财政部门负责行业协会使用国用资产及政府购买服务的财政支付；税务部门针对行业协会尽快明确扶持性的合适税负、税率及减免政策；价格监管部门对行

① 　郁建兴，周俊，沈永东，等 . 后双重管理时代的行业协会商会发展 [J]. 浙江社会科学，2013（12）：53-61.

业协会的收费项目和服务价格进行监管；公安和其他部门在涉及职能范围内的行业协会活动或业务，也要做出明确的规定并制定规范。

其次，各行政主体在监管过程中提倡行为监管，强调对行业协会的具体行为是否违反法律、违背公共利益等进行监管审查，而不是以现有的方式让行业协会自主笼统地上报年度工作事项，避免少报、漏报和假报，以使管理更加细致而具有针对性。还要重视建立各部门的监管协调渠道，特别是如何在互联网和信息化时代利用在线平台，保证监管信息的实时交流和便捷获取，是建立联合监管体制的重要手段之一。只有实现各个行政部门联合监管，给行业协会打造安全、合法、正确的"跑道"，形成一个健全的行业协会综合监管机制，才能真正做到脱钩不脱责。

二、推进全过程监管制度，实现监管的重心转移

全过程监管，一般是指事前监管、事中监管和事后监管三个重要环节的监管。对于行业协会的监管，事前监管的主要内容是登记部门以法律和现有制度为准绳，衡量行业协会是否具有入门资格，是否符合登记条件；对行业协会的重大活动、决策在行动之前，进行合法合规的审查；事中监管的主要内容则是对于行业协会的运营活动进行过程监督，从活动的备案、信息报送以及公开信息对整个活动持续关注和监管，合法合规、合乎行业协会职能范围仍是监督的重要方面；事后监管的主要内容是对于行业协会的活动结果、运营后果和既往事件，依法依制度进行事后的核查、处罚、甚至强制注销退出，通过实施惩戒措施来纠正行业协会的预期，增加违法成本，进而促进行业协会少违法、不违规，以儆效尤。我国政府以前传统的做法，主要是"严进难出"，重"事前"、轻"事中"和"事后"；脱钩改革后的方向，是要将监管重心实现从事前监管向事中、事后监管转移，"宽进宽出"。

注重事中监管和事后监管，要细化监管标准和程序。事中监管的环节，主要在于其运营活动是否在章程范围和合适的行业治理范畴，只要发现违规或超出范围的不妥行为，立即给予警告、纠正、依法处理；行业协会的事后监管环节，主要是对于那些经多种渠道反馈的违规、违法现象，予以惩罚并追究责任。这些监管，需要明确的处罚标准和处罚程序，明确处罚的违法违规行为的内容，以及相

应的处罚措施，警告、罚款、撤销、责令解散，使得执法处理具有明确的标准和类型化分类，做到处罚明确可依；同时做好行业协会的退出监管工作，不论是自愿注销，还是兼并分设机构、责令关停而解散退出的，都要严格清算督查工作，维护行业协会的财产安全和厘清基本责任义务。

建立健全社会监管机制对于推进全过程监管及重心转移而言，有着巨大的助推作用。面对大量行业协会的涌现，政府部门有限的力量对于行业协会的监管往往显得力不从心，发挥社会监督的力量至关重要。首先，注意发挥新闻媒体和社会公众的大众监督作用。积极发挥各种媒体的作用，将行业协会的违法违规情况公布于众，让社会舆论参与监督。其次，探索建立枢纽型社会组织工作机制。通过建立枢纽型社会组织，发挥其作为各行业协会之间、政府和社会公众与行业协会之间的枢纽作用，对各行业协会之间产生的矛盾和问题，组织磋商解决纠纷，通过沟通协调，达到化解争端、平衡各方利益的目的。[①] 最后，建立相应的申诉和救济机制。对于行业协会会员单位受到的不公正待遇，对协会的行业内处理有异议的，可以向行业联合会进行反映或投诉；行业联合会调解不成的，会员单位可以依法向登记机关提请复核，最终向所在人民法院进行起诉解决。另外，民政部门需为社会提供各个行业协会的信息，以便公众和媒体舆论实现对行业协会的监督与问责。未来的发展中，随着行业协会法律的发展，法制监督应该会成为主流的监督形式。

三、强化信息公开制度，推动信用评价

第一，行业协会的信息公开是其应尽的义务。与政府信息公开类似，行业协会的运行信息公开，能够增加其工作的透明度，获得政府、行业、社会的认可，也便于社会监督。行业协会是非营利组织，其宗旨是非私益的，其所使用的资金或者来源于会员，或者来源于政府资助，或者来源于捐赠收入等，因此无论从组织属性，还是所使用的资金的属性来看，行业协会都应当进行信息公开。这是社会组织公信力的基础。例如美国的非营利机构的财务要接受联邦税务局的监督并且向公众公开。

首先，建议逐步强化各行业协会的信息公开义务。行业协会面临着市场化

① 张悦.行业协会商会探索一业多会改革将面临的问题及应对建议 [J]. 中国社会组织, 2013（5）: 38-40.

的转型，必须及时强化信息公开。推行信息公开，可以根据各个行业的特点，分类、分级、分地区逐步进行推广。对于一些与社会公共利益密切相关的，或者对国民经济社会发展有重大影响的行业，必须在信息公开上先行一步，率先做出表率；对于一些具有行业垄断或社会垄断性质的行业协会，其信息公开的内容范围也应明确，与承担的社会责任相匹配；而对于那些影响社会公共利益比较间接的行业，信息公开义务上可以适当放宽，时间上要求也可以适当降低。整体而言，行业协会的信息公开，亟须强化制度约束，逐步形成行业协会信息公开的目录，最终的目的就是增强政府、社会和公众对行业协会的合理监督，并防止行业协会对社会公众和行业共同利益的损害。

其次，本着逐步加大推进社会组织信息公开力度的原则，选择合适的渠道进行信息公开。一是对于行业定期的日常工作报告、财务和审核报告、运营事务报告等基本信息，各类行业协会都需要定期通过互联网平台、协会网站、公开性报刊、广播电视、发布会等媒介和形式全部及时向社会公开。而对部分涉及秘密或对国家社会影响较大、不宜公开的信息，可以设立一定的程序和标准，仅向符合条件的单位和个人公开。[①] 二是积极筹建各级政府统一的信息公开平台。全国性行业协会行业公共信息平台已经在筹建当中，将成为协会信息公开的主要渠道和平台；针对我国行业协会实行分级管理的情况，地方政府也应尽快因地制宜，积极推进各省、市、县的地方性行业协会信息公开平台。[②] 在信息平台基础上，政府监督部门可以要求行业协会将开展的业务活动和营利性行为，以及政府的监管信息和结果在指定网络平台、媒体或电子公示等信息公示平台上进行及时报道，提供相应的信息供公众或行业协会会员查询，一旦发现信息虚假，伪造或违法，就要依法追究相应行业协会的法律责任。三是信息披露制度的建立。行业协会的登记注册、运行状况、章程规章、业务范围、营利性活动、年度工作报告、财务报告和信用等级等信息都在信息平台上及时得以展现，各职能部门能够实现有效的业务协调与信息共享，社会监督主体也可以通过信息平台获取其所想要的信息资料对行业协会加以监督，以此保证公布信息的真实性与可靠性。

第二，加快行业协会信用制度建设，引导推动行业协会履行社会责任。行

---

① 杨雄，程福财 . 当前我国社会组织培育和监管的问题与对策 [J]. 毛泽东邓小平理论研究，2014（4）：20-27.

② 范清宇 . 关于行业协会商会与行政机关脱钩后加强监管问题的思考与建议 [J]. 中国民政，2014（11）：26.

业协会信用是我国加快整个社会信用体系建设的重要部分。增强我国行业协会的社会公信力，也需要加快行业协会信用制度建设。一是要贯彻落实《关于推进行业协会诚信自律建设工作的意见》的要求，逐步建立健全行业协会信用档案，建立行业协会信用承诺制度，探索开展信用评价工作，建立"异常名录"和"黑名单"管理制度，加大对行业协会失信行为的惩戒力度。^① 据统计，自 2005 年以来，已有 200 余家全国性行业协会开展了行业信用评价工作，评出的 A 级以上信用企业 1 万余家。2015 年 8 月，商务部与国务院国资委联合印发《关于进一步做好行业信用评价工作的意见》，明确提出加快构建行业协会组织、第三方机构合作、会员企业参与、政府指导推动、社会监督协作的"五位一体"行业信用体系的总体目标。二是信用评价要与信息披露制度相结合，对违法违规的行业协会进行信息披露并降低信用等级，以提升监督效率，降低监督成本。三是积极探索建立行业协会登记备案管理诚信制度、业务活动信用承诺制度，建立综合信用评级制度，定期向社会公布信用报告，主动接受社会评价和监督。

四、完善绩效评估制度，畅通退出机制

行业协会属于非营利性组织，但在社会运行的地位与企业和其他社会组织一样，有着自身的运营规律和优劣之分。在我国全面深化改革的今天，市场经济日趋成熟，行业协会日益需要更为科学、有效的评估和监管。对行业协会的监管，应该逐步建立起评估其运营优劣的标准和比较机制，畅通退出机制，促进优胜劣汰，形成良好的竞争氛围和生存环境。

第一，探索行业协会绩效评估制度，尤其是第三方评估。行业协会同其他社会主体一样，发挥作用有大有小，其运转成效，需要进行系统的评估。建立第三方评估机制不仅对我国行业协会发展有促进和规范作用，从宏观来讲也有利于我国非政府组织的规范与发展。评估机构的评估方式主要以定量评估为主，包括绩效评估、项目评估、组织管理评估、综合管理评估和公信力评估等等。第三方评估机构的功能在于为社会和政府提供咨询与信息，制定标准，定期出版评估报告，宗旨在于提高社会组织的公开度和透明度，促进社会组织的健康发展。尽管我国行业协会与西方国家仍存在较大差异，但是在符合我国国情的基础之上建立

① 高成运.推进新常态下行业协会商会健康有序发展[J].社会治理，2016（1）：106-110.

类似于西方的第三方评估机制就成为行业协会健康发展的有效途径。第三方评估机制可以重新塑造我国行业协会的公信力，为行业协会带来更多的舆论支持，更有利于组织的长远发展和独立性的保持；同时引入第三方评估机制可以弥补我国行业协会政府监管的不足。

第二，构建第三方评估制度要注意的问题。在构建中应当注意以下几个方面：①确保第三方评估机制的独立性，厘清政府监管与第三方评估界限。我国行业系会第三方评估机制的建立应当政府牵线，但是同时应当注意在建立第三方评估机制时政府应当避免过多的干预，以确保第三方评估机构的自治权。另一方面第三方评估机制与政府的监管必然会产生重叠，在这种情况下应当在实践中分配好政府监管与第三方评估的界限。②建立评估标准完善，评估水平的专业的第三方评估机构。专业的第三方评估机构是完善的评估标准的前提与保障。根据外国经验，一套较完善的评估标准应该包括董事会管理职能、目标、项目、信息、财政资助、资金使用、年度报告、责任、预算等方面的内容。③树立第三方评估机构公信力。失去公信力的第三方评估机构会完全丧失它的功能。对于怎样树立第三方评估机构公信力的问题，笔者认为主要在建立规范的行业规制和遴选机制。要确保这些具体事项的执行立法是必不可少的，与此同时第三方评估机构也应当遵守市场准则，引入竞争机制，实行优胜劣汰。①

第三，尽快建立健全明确而具体的退出机制，推行"宽进严管宽出"的治理理念。政府对行业协会的扶持和培育，并不是要为每一家行业协会的生存与发展兜底，而是在整体上确保行业协会的健康发展，使其适应全面深化改革与市场经济发展的需要。因此，政府扶持和培育行业协会，不仅要做好"加法"，也要做好"减法"。在现行社团管理体制、直接登记改革及脱钩之后，部分行业协会可能无法适应全面深化改革的时代需要，逐步丧失功能，流失会员和收入来源；在现代社团管理体制建立后，无法适应竞争、不能满足企业需求的行业协会被市场淘汰也很有可能常态化。对此，政府需要做好必要的应对措施。

需要注销退出的行业协会，主要有几种情况：一是对于脱钩后难以完成转型、基本停止运转的协会予以注销；二是对于部分行业协会违反章程乱评比、乱表彰、乱收费的，甚至违法乱纪不当牟利，经监管部门惩戒后仍不改正的，依法责令退出；三是对于多次评估结果欠佳、行业代表性低、社会认可度差，不宜继

---

① 李泽华. 我国行业协会发展问题研究 [D]. 西安：长安大学，2014：23.

续运转的协会，也应该予以限期退出。另外，要出台政策，倡导或鼓励行业协会之间的并立、整合，个别行业协会不能实现市场认可和行业认可、难以为继的时候，同行业的行业协会允许进行接收改造，这是激励行业协会提供优质服务寻求发展的另一种措施，也是退出的另一种方式。①

对于注销退出的具体条件和程序，应及时制定实施细则。《社会团体登记管理条例》只是对社会团体的注销登记条件、程序等方面进行了一般性规定，难以实际操作。这使得政府很难让一些失效、失范的行业协会退出，因此及时制定退出程序十分必要。在退出的具体程序设计上，一是要设定规范的运营条件，实行严格的年审，对于出现问题的协会列入重点监管目录；经整改后仍不合格的，予以注销；二是要简化退出的流程，形成"该退则退""想退就能退"的注销原则；三是成立清算组织，负责协会注销的财务审计、资产清点、工作人员善后，以及债权债务关系处理等事务。

第三节　重视优化升级，探索特色的政会互动、合作共治制度

一、推动《行业协会法》的出台，促进行业协会走向法治化轨道

依法治国，是实现国家治理体系和治理能力现代化的必然要求。就行业协会治理而言，长期以来我国并没有关于行业协会的专门法律，目前相关工作主要依据《社会团体登记管理条例》《民办非企业单位登记管理暂行条例》等行政法规。当前及今后一段时间，脱钩改革及一系列的改革配套制度完善起来，政府自上而下的各种治理因素嵌入到行业协会发展当中，使得行业协会在经济社会发展中的现实地位发生了巨大的变化，急需将相关制度通过法治化途径明确下来。

---

① 张悦.行业协会商会探索一业多会改革将面临的问题及应对建议[J].中国社会组织，2013（5）：38-40.

多年以来，我国对于行业协会的管理一直依据国务院《社会团体登记管理条例》，法律缺位由来已久。这一条例在法律位阶上来看，层次不够、权威性不足，一定程度上对行业协会在社会和政府合作时的应有地位造成了不利影响。尤其是行业协会与政府进行合作时，没有明确的界定导致地位不平等的现象较为多见。最近几年，全国人大的财经委与全国工商联密切合作，就行业协会的登记管理、财务税收、治理结构、产权方面进行了深入调研，并起草了《行业协会法》草案。该草案也曾被列入十一届、十二届全国人大常委会立法规划。从立法现实和实际需要来看，行业协会法的出台势在必行。从长远来说，制定《行业协会法》是法治社会的根本要求，是在制度层面寻求社会组织及行业协会法律规制和治理的根本之道。

首先，未来的《中华人民共和国行业协会法》应该厘清行业协会相关的权利义务。就其内容上来看，一是要明确基本性质、设立条件、组织结构、职能、法律地位、权利义务等最基本的事项；二是要对协会的人事管理、大企业垄断、财税减免、财产获得等进行专门、细致的界定；三是要对规范管理、信息公开、业务活动、政会关系、退出机制等设立标准，确保行业协会"从摇篮到坟墓"整个生命周期中发生的所有法律关系做到有法可依，有章可循。这项立法的颁布实施，行业协会的法律地位得以明确，将为行业协会打造良性的顶层制度设计，扫清发展障碍，推动行业协会在经济活动和社会治理中做出更大贡献。

其次，同时修改、完善某些法律法规，消除行业协会发展的障碍，出台对行业协会的支持性法规。一方面要设计出台针对行业协会的人员编制、职称评定、税收减免、社会保险等方面的配套的法规与政策保障。另一方面应修改和废除部分法律法规及相关条款。针对中央和地方一些带有部门利益、地方利益的法规、规章，要面向市场、着眼大局，凡是不适应市场经济发展的条款，凡是约束行业协会自由发展的规定，要坚决予以清理和废除。另外，要加紧政会合作的衔接性法律制度完善，例如政府购买程序等，积极在多个方面推动建立一个政府和行业协会平等协作、共同治理的法治化格局。[①]

最后，以法律保障并约束行业协会自治权。现代行业协会是基于市民社会产生的，尽管在中国的发展正在面临转型，但是从人民和社会权利的视角来看，保障行业协会的自治权，实质上实现人民主权和还权于民的良好途径。因此，要保

---

① 许甜甜. 论行业协会与地方政府的合作 [D]. 苏州：苏州大学, 2013.

障行业协会的自由权利，就是保护广大人民和社会的自由结社权利。这种保障不可能单纯通过政府的政策来解决，必须要在法律层面上予以明确。要靠法律来划分政府、行业协会、企业的合理关系，行业协会的自治权范围，以及政府不得干预行业协会的合法自治。同时，也要对行业协会自治的基本原则与程序予以规定，约束行业协会的合理自治，防止行业协会对会员单位、其他社会组织、公共利益和他人利益的不法侵犯。①

二、探索和推进在行业协会建立党建制度

党建工作是我们党不断增强党的领导、提升党在各种社会生活中应有地位的重要保障。行业协会作为一种社会组织，更需要加强党建工作，保证各个行业都能健康有序的发展。习近平总书记指出，不能因为脱钩使行业协会党建管理出现真空，必须把党的领导、党的建设紧紧抓在手上。行业协会要切实发挥党组织的政治核心和战斗堡垒作用，增强党建工作的责任感和使命感，做好行业协会干部职工的思想政治工作，保障行业协会工作的正确方向，服务于企业会员和行业发展，当好政府联系行业的助手和桥梁。

首先，做好脱钩改革的衔接，保持行业协会党建工作的延续性。不管是全国性行业协会还是地方性行业协会，都应该积极的贯彻落实《行业协会商会与行政机关脱钩总体方案》和《关于全国性行业协会与行政机关脱钩后党建工作管理体制调整的办法（试行）》。在各级党委的领导下、组织部门指导下，妥善处理好行业协会的党组织建设工作，尤其是要在党建工作的衔接上，注重脱钩后的行业协会党组织重建，行业协会党员关系也要出台相应的实施细则和操作办法。对于市场产生的行业协会，积极推进党建的基础工作，不断扩大党组织的覆盖面，发挥党组织在行业协会的引领作用，推动行业协会的政治方向和基本宗旨不偏离。

其次，理顺党建工作体系。各级组织部门要明确党建工作的具体分工，由组织部门牵头负责设定行业协会的党建工作机构；而民政部门除了负责行业协会的登记注册、年检评估等基础工作外，也要承担行业协会的日常党建事务。②同时，

---

① 周俊.行业协会商会的自治权与依法自治 [J].中共浙江省委党校学报，2014（9）：38-45.
② 福建省民政厅.积极稳妥推进脱钩工作 激发行业协会商会活力 [N].中国社会报，2016-01-05（05）.

要加强行业协会党组织自身建设，充分发挥其领导核心作用和战斗堡垒作用。[①]

最后，不断创新完善新型行业协会党建工作新制度，引领良性的政会互动关系。要坚持党的领导与行业协会依法自治相统一、强化政治功能与凸显服务功能相统一，团结凝聚群众、助推事业发展、塑造行业先进文化相结合，成为经济社会稳定健康发展的倡导者和可靠治理力量。

三、加强政会合作，完善行业协会公共参与制度

行业协会在现代社会治理体系当中，是合法的社会治理主体之一，有着重要的公共参与功能。构建政府与行业协会之间的新型关系，并非是"官退民进"的零和博弈，而是通过政府放权，释放行业协会活力，从而让政府与行业协会之间形成新的合作关系，共同在经济与社会事务治理中发挥积极作用。

实现政会良性合作的目标，需要政府和行业协会的共同努力。政府要通过深化改革和制度建设，构筑行业协会健康发展的良好环境，还要通过购买服务等方式，主动创设政会合作的平台。但只有政府依然是不够的，政府创设的政会合作平台，在合作内容、方式等方面往往受到政府既定方针政策和法律法规的约束，在政策议程的设置方面也具有较强的政府主导性。行业协会自身应当具备实施有效公共参与的条件，要加强行业协会的利益代表功能，扩大成员企业的覆盖面，确立其行业代表的地位，尽可能反映大多数成员的利益；要提高内部运作的规范性、民主性，建立日常化的参与机制，增加行业协会参与公共决策的能力。行业协会应充分发挥自身优势和创新精神，努力拓展与政府的互补与合作关系，自主设置政策议程，更为积极地参与到公共事务中去。

第一，积极鼓励行业协会承担行业相关的准公共治理职能。行业协会的基本职能是做好会员的代表、服务、协调、自律工作。在此前提下，联合性、综合性或有较强实力的行业协会和那些具有较强会员基础和实力的行业协会可以适当地承担一些行业治理和社会治理职能，包括行业信息、技术、培训教育、融资服务平台的建设，行业维权，应对贸易诉讼、行业品牌建设，环境治理，安全生产建设，劳资关系协调，参与社会公益事业等。不论是政府购买还是政府委托，以及企业委托，这些准公共职能都属于行业协会职能清单范围之内，应该大力鼓励并

[①]　李勇，季云岗，王冰洁. 脱钩是行业协会商会发展的必由之路——专访民政部民间组织管理局副局长[J]. 中国社会组织，2015（10）：18-20.

积极倡导。

第二，用好传统渠道，鼓励行业协会参与和倡导公共政策。倡导和参与公共政策，则是行业协会代表行业、企业和社会公众的利益，主动参与到公共政策的议程设置、规则制定、执行等各个环节，协同政府共同推动公共政策的制定与完善，是在更高的决策层次上参与公共事务。

我国的行业协会、联合会与政府经济管理部门，有着较为紧密的联系，行业协会会员中不乏各级人大、政协的代表委员，加上行业协会的组织、代表能力以及对行业、企业、社情民意的掌握，使其具备参与和倡导公共政策的条件和优势。目前，我国行业协会参与和倡导公共政策的方式主要有：一是向各级人大、政协递交议案、提案。行业协会既可以社会团体的身份向两会提交议案、提案，也可以通过行业协会会员或企业家个人的"两会"代表、委员身份提交议案、提案；二是向各级党委、政府就具体事项提出政策建议，建议政府调整、完善相关公共政策；三是接受政府委托，参与行业规划、行业标准、行业政策的前期调研和起草；四是通过听证会等传递政策主张。随着我国在公共政策制定过程中听证会制度的逐步完善，行业协会正越来越多地参与到各种关系行业事务的听证会中，代表行业、企业进行监督、发表意见；五是非正式的政策参与途径，主要有政府或行业协会举办的座谈会、茶话会、报告会、调研会等，以及私人接触。这些方式也成为行业协会与政府进行政策沟通、表达政策诉求的重要渠道。据调查，浙江、江苏、上海等地的行业协会，在"主动向政府提出政策建议""参与政策制定过程"、"能够有效协助政府执行相关产业政策"中的比例较高。可以看到，当前政会之间实际上已经存在多种政策参与途径，相互间的沟通也日益频繁、深入，这为今后行业协会政策倡导的常态化、规范化奠定了良好基础。

第三，不断创新公共参与途径，构建充分有效的参与程序和机制。党的十八届三中全会通过的《中共中央关于全面深化改革若干重大问题的决定》中特别提到拓宽国家政权机关、政协组织、党派团体、基层组织、社会组织的协商渠道，健全决策咨询制度。对于行业协会而言，拓展新的公共参与途径，主要从以下几个方面努力：一是建立开放的政府体系和信息公开机制，特别是应当建立政府与行业协会之间的日常沟通机制；建立谈判、协商、公告、通报、评论、听证等多元性的参与机制等。二是继续深化落实政府重大决策征询机制。政府决策征询制度由来已久，在逐步扩大征询范围的改革中，尽快在全国层面和地方层面强化行业协会的纳入十分必要。作为行业组织的重要力量，行业协会有着自身的优势和信息资源。在重大决策及相关政策出台前，听取行业协会的意见，应该成为一种基本制度和规范，及时实施细则，对于促进政府决策和政策科学化有着举足轻重的意义。三是畅通行业协会参政议政途径，在人大、政协之中设立行业协会界别类型和席位。行业协会中有着各行各业中最优秀的社会精英，他们承担着行业发展的重任，是不少行业的顶梁柱，对行业发展和社会发展有着独特的见解和直观的认识。积极吸纳这类社会精英的力量，通过人大、政协等合法的参政议政途径，能够让党和政府吸收到关于行业治理的大量建议和意见，有利于提升综合治理的水平。从现有的政治制度而言，可以在现有的企业届代表中，增设一定比例的人大代表和政协委员名额，由民政部门或工商联合会按照分配的代表名额、条件，依照规范的程序进行推荐。①

---

① 　陶超波. 行业协会与政府互动关系研究 [D]. 广州：暨南大学, 2011.

参考文献

（一）中文参考文献

[1] 刘耀东，宋茜培. 行业协会商会与行政机关脱钩的困境及对策——以湖北省为例 [J]. 湖北工业大学学报，2018，33（6）：13-18.

[2] 罗文恩. 后脱钩时代行业协会功能再定位：共益组织研究视角 [J]. 治理研究，2018，34（5）：21-26.

[3] 周俊. 行业协会商会与行政机关脱钩改革中地方政府应如何作为——以 A 市 B 区为例 [J]. 中国社会组织，2018（14）：62-71.

[4] 吴艳华，茹庄. 行业协会商会脱钩后发展前景分析 [J]. 中国市场，2018（21）：103-104，106.

[5] 吴昊岱. 行业协会商会与行政机关脱钩：政策执行与政策特征 [J]. 治理研究，2018，34（4）：46-48.

[6] 廖鸿. 以党的十九大精神为指引 推动行业协会商会与行政机关脱钩改革深入开展 [J]. 中国民政，2018（2）：137-138.

[7] 尹广文. 从体制性依赖到行政化脱钩：行业协会治理转型研究 [J]. 南都学坛，2017，37（6）：37-42.

[8] 卢向东. "控制—功能"关系视角下行业协会商会脱钩改革 [J]. 国家行政学院学报，2017（5）：137-138.

[9] 丁和平，李佳婧. 行业协会的脱钩之路 [J]. 群众，2017（20）：7-13.

[10] 郭道久，康炯慧. 行业协会商会与政府脱钩：进程、问题与对策 [J]. 中国机构改革与管理，2017（9）：17-25.

[11] 马运山. 行业协会商会如何度过脱钩阵痛期 [J]. 中国社会组织，2017（14）：69-78.

[12] 段桃秀. 行业协会商会与行政机关脱钩的结构功能主义分析 [J]. 统计与管理，2017（7）：95-103.

[13] 李利利，刘庆顺. 脱钩后行业协会社会关系网络分析 [J]. 对外经贸，2017（6）：13-18.

[14] 王傅，刘惠苑，胡辉华. 行业协会与行政机关脱钩的困境探析——基于 GD 省行业协会的访谈 [J]. 长沙民政职业技术学院学报，2017，24（2）：117-125.

[15] 仇赟. 脱钩后行业协会党建工作的"变"与"不变" [J]. 中国社会组织，2017（7）：10-15.

[16] 傅昌波，简燕平. 行业协会商会与行政脱钩改革的难点与对策 [J]. 行政管理改革，2016（10）：80-84.

[17] 沈永东，宋晓清. 新一轮行业协会商会与行政机关脱钩改革的风险及其防范 [J]. 中共浙江省委党校学报，2016，32（2）：110-113.

[18] 王勇. 行业协会商会与行政机关脱钩改革的重点任务和环节 [J]. 学会，2016（3）：9-15.

[19] 贾西津，张经. 行业协会商会与政府脱钩改革方略及挑战 [J]. 社会治理，2016（1）：13-18.

[20] 蔡斯敏. 现代社会治理下的行业协会行动逻辑研究——基于中关村地区 X 组织的案例分析 [J]. 中共福建省委党校学报. 2015（1）：10-16.

[21] 黄海鹏. 行业协会承接政府职能能力提升的研究——以珠海市汽车摩托车销售维修行业协会为例 [J]. 现代商贸工业，2019，40（15）：137-138.

[22] 廖鸿，李晶晶. 行业协会商会收费监管问题与对策 [J]. 学会，2019（4）：13-16，28.

[23] 周志刚，赵继春. 行业协会公共属性在政府职能转变中的缺损现状及原因分析 [J]. 人才资源开发，2019（7）：28-29.

[24] 陈宪，徐中振. 体制转型和行业协会：上海培育和发展上海行业协会研究报告 [M]. 上海：上海大学出版社，1999.

[25] 邓正来. 国家与社会 [M]. 北京：北京大学出版社，2008.

[26] 冯玥，黄永明. 行业协会自治的限制：以双重责任平衡为视角 [J]. 学习与实践，2014（2）：17-25.

[27] 甘思德，邓国胜. 行业协会的游说行为及其影响因素分析 [J]. 经济社会体制比较，2012（4）：12-15.

[28] 高红，张洪慧. 行业协会自治中三重利益主体的角色与互动分析 [J]. 中国行政管理，2009（1）：108-115.

[29] 郭薇. 政府监管与行业自律——论行业协会在市场治理中的功能与实现条件 [M]. 北京：中国社会科学出版社，2011.

[30] 郭薇, 秦浩. 行业协会与政府合作治理市场的可能性及限度 [J]. 东北大学学报 (社会科学版),
    2013 (1): 70-75.

[31] 顾家麒. 试谈中国行业协会的改革和发展 [J]. 经济研究参考, 2003 (91): 64-65.

[32] 贾西津, 沈恒超, 胡文安. 转型时期的行业协会——角色、功能与管理体制 [M]. 北京: 社
    会科学文献出版社, 2003.

[33] 康晓光. 行业协会何去何从 [J]. 中国改革, 2001 (4): 10-19.

[34] 冷明权, 张智勇. 经济社团的理论与案例 [M]. 北京: 社会科学文献出版社, 2004.

[35] 黎军. 行业组织的行政法问题研究 [M]. 北京: 北京大学出版社, 2002.

[36] 李学楠. 经济转型国家中的行业协会研究 [J]. 经济体制改革, 2014 (2): 91-95.

[37] 李学楠. 行业协会的政治行为方式、影响力与资源依赖——基于上海市的实证分析 [J]. 天
    津行政学院学报, 2014 (2): 38-45.

[38] 李培林. 我国社会组织体制的改革和未来 [J]. 社会, 2013 (3): 20-25.

[39] 李晓. 体制内行业协会发展困境与改革出路 [J]. 经营管理者, 2014 (3): 60-67.

[40] 龙宁丽. 国家和社会的距离: 寻求国家社会关系研究的新范式——基于对全国性行业协会
    的实证分析 [J]. 南京社会科学, 2014 (6): 46-54.

[41] 鲁篱, 赵尧. 行业协会去行政化的法治选择——基于代理成本的分析 [J]. 天府新论, 2014 (5):
    109-115.

[42] 罗筱. 从现代国家构建的视角看社会管理体制的创新 [J]. 中国行政管理, 2011 (9): 36-42.

[43] 刘斌, 杨浩. 我国行业协会的性质和功能研究——从交易成本和规则角度分析 [J]. 上海管
    理科学, 2003 (4): 7-14.

[44] 马伊里. 上海行业协会规范化建设实践与探索 [M]. 上海: 华东理工大学出版社, 2014.

[45] 孟亚男. 政府、市场与社会——我国行业协会的变迁及发展研究 [M]. 保定: 河北大学出版
    社, 2014.

[46] 奥尔森, 曼瑟尔. 集体行动的逻辑 [M]. 陈郁, 译. 上海: 上海人民出版社, 1998.

[47] 潘建国. 试论新时期我国行业协会挑战和对策——以广州地区行业协会改革和创新为例 [J].
    广州城市职业学院学报, 2014 (3): 66-72.

[48] 甫玉龙, 黄风兰. 行业协会权能的法律规范探讨 [J]. 中国行政管理, 2006 (3): 61-67.

[49] 潘嘉玮. 论行业协会的法律定位: 2007 年中国商法年刊 [M]. 北京: 北京大学出版社,
    2008.

[50] 强信然, 方超英. 转轨时期行业管理工作的取向 [J]. 宏观经济研究, 2004 (10): 39-43.

[51] 孙春苗. 论行业协会——中国行业协会失灵研究 [M]. 北京：中国社会出版社，2010.

[52] 孙春苗. 各地对行业协会双重管理体制的创新之比较 [J]. 学会，2008（5）：21-25.

[53] 王名. 中国社团改革：从政府选择到社会选择 [M]. 北京：社会科学文献出版社，2001.

[54] 王名，贾西津. 行业协会论纲 [J]. 经济界，2004（1）：71-78.

[55] 王晓明. 转型期行业协会制度的供给需求分析——以浙江省为例 [J]. 企业经济，2006（3）：
     40-44.

[56] 王颖. 社会中间层：改革与中国的社团组织 [M]. 北京：中国发展出版社，1993.

[57] 王珂瑾. 论我国行业协会发展中的政府作用 [J]. 中国市场，2015（3）：28-31，33.

[58] 吴宗祥. 行业协会治理机制的制度需求和制度供给 [J]. 学术月刊，2003（7）：52-55.

[59] 徐家良. 行业协会组织治理 [M]. 上海：上海交通大学出版社，2014：6.

[60] 徐家良. 双重赋权：中国行业协会的基本特征 [J]. 天津行政学院学报，2003（1）：30-35.

[61] 徐家良. 互益型组织：中国行业协会研究 [M]. 北京：北京师范大学出版社，2010.

[62] 许祯鑫. 行业协会和地方政府的合作关系研究 [J]. 华中师范大学学报（人文社会科学版），
     2014（S6）：98-102.

[63] 郁建兴，周俊，张建民，等. 全面深化改革时代的行业协会发展 [M]. 北京：高等教育出版
     社，2014.

[64] 郁建兴，关爽. 从社会管控到社会治理——当代中国国家与社会关系的新进展 [J]. 探索与
     争鸣，2014（12）：51-55.

[65] 郁建兴. 在参与中成长的中国公民社会——基于浙江温州商会的研究 [M]. 杭州：浙江大学
     出版社，2008.

[66] 郁建兴，周俊，沈永东，等. 后双重管理体制时代的行业协会发展 [J]. 浙江社会科学，
     2013（12）：42-50.

[67] 郁建兴. 在政府与企业之间：以温州商会为研究对象 [M]. 杭州：浙江人民出版社，2004.

[68] 郁建兴. 全面深化改革时代行业协会研究的新议程 [J]. 行政论坛，2014（5）：23-30.

[69] 郁建兴，沈永东，周俊. 从双重管理到合规性监管——全面深化改革时代行业协会监管体
     制的重构 [J]. 浙江大学学报（人文社会科学版），2014（4）：31-38.

[70] 郁建兴. 全面深化改革时代行业协会研究的新议程 [J]. 行政论坛，2014（5）：77-83.

[71] 易继明. 论行业协会市场化改革 [J]. 法学家，2014（4）：40-47.

[72] 俞可平. 走向国家治理现代化——论中国改革开放后的国家、市场与社会关系 [J]. 当代世界，
     2014（10）：6-15.

[73] 余晖，等.行业协会及其在中国的发展：理论与案例 [M].北京：经济管理出版社，2002.

[74] 余晖，贾西津，潘光军，等.行业协会：为何难走到前台 [J].中国改革，2002，（6）：62-70.

[75] 尤乐.我国行业协会监管之沿革及其法治化——基于"官办"、"民办"之分 [J].广东行政学院学报，2014（1）：30-35.

[76] 张冉.中国行业协会研究综述 [J].甘肃社会科学，2007（5）：84-89.

[77] 张冉.行业协会能力建设 [M].上海：上海交通大学出版社，2013.

[78] 张沁洁.行业协会的中国式市场化特征研究———以广东省为例 优先出版 [J].暨南学报（哲学社会科学版），2014（11）：39-45.

[79] 郑超.为行业协会改革发展支招——"2014 中国行业协会发展论坛"综述 [J].中国社会组织，2014（16）：62-65.

[80] 朱英.中国近代同业公会与当代行业协会 [M].北京：中国人民大学出版社，2004.

[81] 周俊，沈永东.政府购买行业协会服务中的非竞争性及其管理 [J].中国行政管理，2011(12)：27-35.

（二）英文参考文献

[1]BENNETT R J.Business associations and their potential contribution to the competitiveness of SMEs[J].Entrepreneurship & regional development，1998，32（10）：23-38.

[2]DONER R F.New institutional economics，business associations and development[J].Brazilian journal of political economy，2012，20（3）：112-137.

[3]DONER R F.Business association and economic development：why some associations contribute more than others[J]. Business and politics，2000，2（3）：41-59.

[4]GREIF A，MILGROM P，WEINGAST B R. Coordination，commitment，and enforcement：the case of the merchant guild[J].Journal of political economy，1994，16（5）：12-39.

[5]JACK H J.Business interest associations as private interest governments：business interests，organizational development and private interest government：an international comparative study of the food processing industry[M].Berlin：Water de Gruyter & Co，2000.

[6]LUCAS J. Politics of business associations in the developing world[J]. Journal of developing Areas，1997，32（1）：32-59.

[7]JOHNSON S，MCMILLAN J，WOODRUFF C. Courts and relational contracts[J].Journal of law，economics and organization，2002，6（5）：92-109.

[8] PRIEST M. The privatization of regulation：five models of self-regulation[J].Ottawa law review，1997，8（6）：59-77.

[9]MCMILLAN J，WOODRUFF C. Private order under dysfunctional public order[J].Michigan law review，2000，2（8）：33-61.

[10]MILGROM P，NORTH D，WEINGAST B. The role of institutions in the revival of trade：the medieval law merchant，private judges，and the champagne fairs[J].Economics and politics，1990，15（3）：79-98.

[11]OLSON M. The logic of collective action[M].Cambridge：Harvard University Press，1965.

[12]QIUSHA M A.Non-governmental organizations in contemporary China：paving the way to civil society[M]. London and New York：Routledge，2008：113-129.

[13]RICHARD D，SCHNEIDER B R. Business associations and economic development：why some associations contribute more than others[J].Business and politics，2000，15（9）：13-29.

[14]STREECK W. Between pluralism and corporatism：german business associations and the state[J]. Journal of public policy，1983.3（3）：91-118.

[15]STREECK W，SCHMITTER P C. Community，market，state and associations[J]. European sociological review，2009，15（10）：66-83.

[16]SUKIASSYAN G，NUGENT J B.Lobbying or information provision：which functions of associations matter for member performance[J]. Eastern European economics，2011，49（2）：11-48.

附　录

行业协会治理和发展调查问卷

尊敬的专家：

　　您好！

　　首先非常感谢您在百忙之中填写我们的问卷，由衷地感谢您对我们工作的支持。

　　为了进一步科学地了解我国行业协会的治理和发展问题，研究政府关于行业协会的各项制度供给对行业协会发展产生的影响，为今后政府制定行业协会政策提供参考，"行业协会治理和发展研究小组"设计了本次调查问卷，希望得到您的支持和帮助。

　　恳请您根据实际情况和笔者的真实看法填答本问卷，并不要遗漏任何一题。本调查纯属学术研究，采取匿名方式进行，所收集资料只用于整体样本分析，不涉及个案，问题答案无所谓对错，所有信息将绝对保密，敬请您放心填答。

　　谢谢您的大力支持！

行业协会治理和发展研究小组

2018 年 6 月

第一部分　基本情况

　　此部分测量共有 5 个问题，每个问题有 2—5 个具体选项，请结合实际对每个选项进行思考好做出选择。

填答说明：每个问题限选 1 项，即全部为单选，请直接在相应的选项字母上打钩、画线或划圈（示例：　A 或 <u>A</u>）。

1. 您所在（地区）的行业协会主要产生方式是：

　A. 政府主管部门推动产生；B. 基于市场和企业发展需要由民间发起设立的；C. 其他

2. 您所在（地区）协会领导人主要由：

　A. 政府推荐人员兼任（或专任）；B. 会员企业推荐民主选举产生的；C. 其他

3. 您所在（地区）的行业协会经费来源主要为：

　A. 政府拨款、委托或购买服务；B. 会员所交会费；C. 捐赠；D. 提供行业服务所得

4. 您所在（地区）的行业协会办公场所为：

　A. 政府部门长期提供；B. 政府部门暂时借用；C. 协会租赁场地；D. 协会自有场所

5. 您所在（地区）的行业协会工作人员主要是：

　A. 中年专职人员为主；B. 中年兼职人员为主；C. 老年专职人员为主；D. 老年兼职人员为主

第二部分　协会治理

　　此部分测量共有 5 大类话题，每个话题又有 4—7 个具体问题，请对每个具体问题做出选择。

填答说明：请您根据对下列陈述的赞同程度进行选择，每行限选一项，即全部为单选，请直接在相应的数字上打钩、画线或划圈（示例：1 或 1，或①），其中：1 = 很不符合；2 = 基本不符合；3 = 有些不符合；4= 很难说；5 = 有些符合；6= 基本符合；7 = 非常符合。

一、您认为：所在（地区）的行业协会发展水平：	很不符合　　非常符合
6. 内部组织机构完善、管理科学、民主议事、运营健康	1 2 3 4 5 6 7
7. 会员企业数占本地本行业企业总数的比例较高	1 2 3 4 5 6 7
8. 在本地区本行业的影响力大，有较高的知名度	1 2 3 4 5 6 7
9. 为会员企业提供行业技术、交流平台、开拓市场、合法维权等服务较多	1 2 3 4 5 6 7
10. 为政府进行行业调研、政策宣传、政策参与、围绕中心工作作出较大贡献	1 2 3 4 5 6 7
二、您认为：在本地区，政府对行业协会的扶持政策中：	很不符合　非常符合
11. 准入制度较为合理宽松，能够较顺利的直接获得登记注册，隐形约束或障碍较少	1 2 3 4 5 6 7
12. 政府积极转移行业协会职能，行业协会职能较为明确	1 2 3 4 5 6 7
13. 政府在人力资源、办公场所、运营治理、业务培训上有系列的支持政策和配套制度	1 2 3 4 5 6 7
14. 政府在协会经费收入和税收减免上出台了优惠政策	1 2 3 4 5 6 7
15. 经常通过政府购买服务的形式让行业协会承担公共服务	1 2 3 4 5 6 7
三、您认为：在本地区，政府对行业协会监管制度中：	很不符合　非常符合

16. 各个相关部门对行业协会的监管制度公开、透明、有力	1 2 3 4 5 6 7
17.民政部门和业务主管单位对行业协会能够从事前到事中、事后全方位监管;	1 2 3 4 5 6 7
18. 建立了行业协会对社会的信息公开制度,定期公布发展报告	1 2 3 4 5 6 7
19. 开展了行业协会绩效评估工作,定期进行评估	1 2 3 4 5 6 7
20. 明确了行业协会的退出条件、程序,注销手续合法规范	1 2 3 4 5 6 7
四、您认为:在本地区,政府关于行业协会治理的特色有:	很不符合 非常符合
21. 出台了专门的法律(或条例、规范、意见),解决行业协会发展中的问题	1 2 3 4 5 6 7
22. 在行业协会中设立党建工作制度,较好地发挥党组织的作用	1 2 3 4 5 6 7
23. 行业协会的行业治理途径广泛,参与机会较多	1 2 3 4 5 6 7
24. 政府重大决策及相关政策出台前,建立了听取行业协会意见的协商与征询制度	1 2 3 4 5 6 7
25. 开辟了多种渠道促进行业协会参与公共政策制定,发表社会治理意见	1 2 3 4 5 6 7

第三部分　思考建议

此部分测量共有 3 个问题,每个问题有 4—10 个具体选项,请结合实际对每个选项进行思考好做出选择。

填答说明:前两个问题(21、22)限选 4 项,问题 23 不限数量,即全部为多选,请直接在相应的选项数字上打钩、画线或划圈(示例:A 或 A)。

26. 您认为，现行的政府政策或制度中，限制行业协会发展和发挥作用的最主要四个因素是什么？

A. 缺乏法律保障　　　B. 一地一会的竞争限制

C. 登记难，条件苛刻　　　D. 年检等监管程序烦琐

E. 行业协会信用评价制度不健全　　　F. 政府资金扶持不足，税收优惠落实不够

G. 职能转移不到位　　　H. 政府购买的范围不够、程序不透明

I. 政府部门干预较多，监管过严　　　J. 参与公共政策和公共事务治理的途径不够

27. 您认为，政府政策或制度方面，促进行业协会发展和发挥作用的最重要四个因素是什么？

A. 法律保障　　　　　　B. 自由竞争

C. 落实直接登记　　　　　D. 年检等监管程序便捷

E. 行业协会信用评价健全　　　　F. 提供资金扶持，落实税收优惠

G. 职能转移到位　　　　H. 扩大政府购买的范围

I. 政府部门减少干预，监管宽松　　　J. 扩大参与公共政策和公共事务治理的途径

28. 您认为，在当前全面深化改革时期，政府的政策或制度方面，最需要采取哪些做法来增进行业协会健康发展？

A. 加强行业协会立法　　　B. 一业多会、鼓励竞争

C. 落实直接登记　　　D. 开辟绿色通道、提供年检等监管程序便捷度

E. 健全行业协会信用评价　　　F. 提供资金扶持，落实税收优惠

G. 加快职能转移至行业协会　　　H. 扩大政府购买的范围，增强政会合作的空间

I. 政府部门减少干预，监管宽松　　　J. 扩大参与公共政策和公共事务治理的途径

K. 加强协会党建工作制度　　　L. 组织开展协会业务技能、治理能力提升的培训

M. 建立信息公开制度，定期公布报告　　　N. 完善绩效评估制度和注销退出程序

再次感谢您的大力支持与合作，祝您工作顺利愉快！